성에 관한
진실과 오해

내일을여는지식 / 법40

성에 관한 진실과 오해

유새누 지음

KSI 한국학술정보(주)

머리말

　1980년대부터 개방적인 서구의 성(性)문화가 수용된 이래 우리가 상상할 수 없을 정도의 성과 관련된 새로운 문화가 무차별적으로 수용되고 있다. 성개방화에 대해 남성들은 거침없는 성적 행동으로 잘못 해석하기도 하며, 인터넷 등에서 쉽게 접근할 수 있는 잘못된 성에 대한 정보의 홍수는 문란한 성풍조와 잘못된 성문화를 양산하고 있다. 또한 대중매체는 남성들의 관심을 끌기 위해 더욱 자극적이고 신징직인 면을 강조하여 조작하고 있나. 이러한 문란한 성풍조와 잘못된 성문화는 자본주의 체제에서 상업적으로 악용되어 성은 돈과 관련된 것으로, 여성은 성적인 상품으로 비하되고 있는 실정이다.

　사실 성은 우리에게 관심을 더 많이 갖게 하고, 알고 싶어 하는 주제이다. 성은 남성과 여성이 서로를 사랑하게 하고, 때로는 아픔을 주기도 한다. 비록 남성과 여성은 의식, 역할 등이 서로 다르지만, 그만큼 다른 것이 많이 있기 때문에 서로에게 많은 관심을 갖게 하는 것이다. 이렇게 주된 관심사인 성은 그 본질적 의미에서 벗어나 왜곡된 성문화로 변질되어 가고 있다. 왜곡된 성문화는 변질된 것으로 그치는 것이 아니라, 성역할 고정관념과 함께 사회에 악영향을 미치며, 특히 성범죄로 이어질 가능성이 매우 크다.

　최근 '발바리 사건', '조○○ 사건' 등으로 성범죄에 대해 사회적 관심이 매우 크다. 하지만 관심만큼이나 성범죄자에 대한 연구는 매우 희박한 실정이다. 따라서 이 연구에서는 성범죄에서 가장 기본적으로 선행되어야 할 원인적 접근으로서 성범죄자의 성의식에 대해 연구를 진행한다. 물론 성범죄에 영향을 미치는 원인은 다양하다. 과거에는 남성이 여성에게 힘에 의해 성범죄가 발생하는 것으로 단순하게 접근한 경우도 있었다. 하지만 오늘날의 문화적 다양성을 고려한다면 성범죄에 대해 더욱 다양하게 접근해야 한다. 그중에서도 이 연구에서 성의식에 대한 접근을 하는 이유는 성범죄자의 성의식이 성범죄 행위에 직접적인 영향을 미칠 수 있는 기제이기 때문이다. 한편, 가장 근본적인 접근을 해야 하는 이유는 후속연구를 위한 틀을 만들 수 있기 때문이며, 효과적인 대책을 강구하기 위해서이다. 이 연구가 성범죄자의 범죄 심리를 모두 담은 것은 아니다. 하지만 성범죄자의 범죄 심리를 연구하였다는 기초적 연구로서는 매우 가치가 있다고 생각한다.

　형사사법 기관 등에서 일반인과 성범죄자들의 성의식에 대해 이 연구를 중심으로 다양한 방면에서 분석이 가능하다면 관련 정책의 수립과 집행에 있어 다양한 효과를 볼 수 있을 것이다. 또한 이 연구를 통해 성범죄자의 의식을 기준으로 의식의 변화를 위한 교육과 관련 기관에 주요 자료 및 기회를 제공할 수 있을 것이다.

목차

제1장 서 론

제1절 연구의 목적

　우리나라는 1960년대 이후 급격한 산업화·도시화 과정을 거치며 다양한 사회현상을 경험하고 있다. 특히 1980년대부터 개방적인 서구의 성(性)문화가 수용된 이래 우리가 상상할 수 없을 정도의 새로운 성과 관련된 문화가 무차별적으로 수용되고 있는 실정이다. 성개방화에 대해 남성들은 거침없는 성적 행동으로 잘못 해석되기도 하며, 인터넷 등에서 쉽게 접근할 수 있는 잘못된 성에 대한 정보 홍수는 문란한 성풍조와 잘못된 성문화를 양산하고 있다. 또한 대중매체는 남성들의 관심을 끌기 위해 더욱 자극적이고 선정저인 면을 강조히며 조작하고 있다. 이러한 문란한 성풍조와 잘못된 성문화는 자본주의 체제에서 상업적으로 악용되어 성은 돈과 관련된 것으로, 여성은 성적인 상품으로 비하되고 있는 실정이다. 여성의 상품화는 현대에 이르러 갑자기 발생한 현상은 아니다. 어려서부터 남성과 여성에 대한 성역할에 대한 고정관념으로 성차별적인 인식이 자연스레 학습되어 온 결과이다. 더욱이 전통적으로 우리 사회는 성에 대해 숨기고 금기시해 온 결과 성에 대해 오해와 편견을 갖게 된 것이다.

　사실 성은 우리에게 관심을 더 많이 갖게 하고, 알고 싶어 하는 주제어이다. 성은 남성과 여성 서로를 사랑하게 하고, 때로는 아픔을 주기도 한다. 비록 남성과 여성은 생식기관, 의식, 역할 등이 서로 다르지만, 그만큼 다른 것이 많이 있기 때문에 서로에게 많은 관심을 갖게 하는 것이다. 이렇게 주된 관심사인 성은 그 본질적 의미에서 벗어나 왜곡된 성문화로 변질되어 가고 있다. 왜곡된 성문화는 변질된 것으로 그치는 것이 아니라, 성역할 고정관념과 함께 사회에 악영향을 미치며, 특히 성범죄로 이어지게 된다.

1997년 성범죄 건수는 인구 10만 명당 7,120건에서, 10년 후인 2006년의 경우 13,573건으로서 거의 2배 수준으로 증가했지만(경찰청, 2007), 성범죄 피해 사실을 피해자 스스로가 밝힌다면 자신에게 더 큰 피해가 온다는 현실 때문에 성범죄를 은폐시켜야 하는 한국사회의 특수성을 감안한다면 실제 발생률은 더욱 많을 것이다. 이렇게 성범죄가 심각한 범죄임에도 불구하고 성범죄에 대한 연구는 희박한 실정이다.

따라서 이 연구에서는 성범죄의 가장 기본적으로 선행되어야 할 원인적 접근으로서 성범죄자의 성의식에 대해 연구를 진행한다. 물론 성범죄에 영향을 미치는 원인은 다양하다. 과거에는 남성이 여성에게 힘에 의해 성범죄가 발생하는 것으로 단순하게 접근한 경우도 있었다. 하지만 오늘날의 문화적 다양성을 고려한다면 성범죄에 대한 접근은 더욱 다양하게 접근해야 한다. 그중에서도 이 연구에서 성의식에 대한 접근을 하는 이유는 성범죄자의 성의식이 성범죄 행위에 직접적인 영향을 미칠 수 있는 기제이기 때문이다. 한편, 가장 근본적인 접근을 해야 하는 이유는 후속연구를 위한 틀을 만들 수 있기 때문이며, 효과적인 대책을 위해서이다.

최근의 범죄학의 논의를 함축한다면 범죄예방에 초점을 맞출 수 있다. 우리가 흔히 건강은 건강할 때 지켜야 한다거나 치료보다는 예방이 좋다는 등의 말들이 있듯이 이는 범죄학에서 더욱더 가치 있는 명언이라고 할 수 있겠다. 만일 우리에게 범죄가 파괴적인 영향을 미칠 기회조차 갖기 전에 범죄를 효과적으로 통제할 수 있는 방법을 찾을 수 있다면 더 이상 바랄 수 있는 방법은 없다고 할 수 있다(이윤호b, 2007: 409). 범죄 예방적 측면에서 성범죄자들의 성에 관한 의식 정도 및 수준을 파악하여 효과적인 대책을 강구해야 한다.

이 연구에서는 성범죄자의 성의식과 관련된 심리학적 접근을 시도하려고 한다. 특히 성의식으로 강간통념, 성폭력 용인도 및 성역할 고정관념을 성범죄자와 일반인의 차이를 비교 분석하는 것을 목적으로 한다. 성범죄자에 대해 생물학적, 정신의학적 영역으로 접근도 가능하지만, 성범죄자의 경우 본인의 자유의지가 행동에 영향을 미치기 때문에 심리학적 접근이 더욱 실질적으로 범죄를 예방할 수 있는 방법이기 때문이다.

형사사법 기관 등에서 일반인과 성범죄자들의 성의식에 대해 이 연구를 중심으로 다양한 방면에서 분석이 가능하다면 관련 정책의 수립과 집행에 있어 다양한 효과를 볼 수 있을 것이다. 또한 이 연구를 통해 성범죄자의 의식을 기준으로 의식의 변화를 위한 교육과 관련 기관에 주요 자료 및 기회를 제공할 수 있을 것이다.

제2절 연구의 범위 및 방법

1. 연구의 범위

성범죄의 원인은 다음과 같이 다양한 접근 방법으로 생각해 볼 수 있다.

첫째, 과거부터 현대까지 남성과 여성 간의 성차별적인 불평등 구조가 여전히 사회에 남아 있다. 기존 남성 중심의 가부장 위주의 직계 가족 형태에서 여성의 지위는 남성에게 종속되어 남성에 의해 영향을 받는 위치, 여성은 무력하여 남성의 보호에 의존해야 하는 존재로 인식되어 왔다(우리 사회문화학회, 2004: 81 – 83). 이와 같은 전통적인 가족형태와 성차별적인 요소는 남성과 여성의 관계는 지배와 복종 관계로 우리에게 자연스레 자리매김해 왔다. 남성의 외도에 대해 성적인 자유라 하여 허용적인 분위기면서도, 여성의 순결을 강조하는 이중적인 성의식은 여성의 순결 이데올로기로서 큰 문제의 경향을 보인다(Andersen, Margaret L. & Collins, Patricia Hill, 2007).

둘째, 우리 사회는 남성 중심적인 성문화로 인해, 성범죄 내지 성폭력 등에 대한 여러 사항들이 잘못 알려져 있다. 성범죄의 가해자인 남성보다 오히려 피해자인 여성이 행동, 옷차림 등이 그런 성범죄를 일으켰다는 비난을 받게 된다(Mateescu, 2008). 이로 인해 성범죄 피해자는 피해 사실을 숨기고 고통을 당한다.

성관계에 있어 일반적으로 남성이 주도권을 갖는 것이 당연시되는 성문화가 존재한다. 남성은 능동적, 적극적인 존재로 구체적인 역할과 그에 따른 특성을 갖는 것으로, 여성은 수동적, 소극적인 존재로 규정짓는 특성이 성문화에도 반영되고 있다. 또한 남성은 성적 본능이 강하지만, 여성은 성에 대해 무관심한 존재로 보는 성역할에 대한 고정관념이 존재하고 있다(Pinar, 2001).

셋째, 최근의 성과 관련된 산업은 성적인 쾌락주의를 부추기며, 남성적 성을 확대 과장하고 왜곡시키는 성문화를 조장하고 있다. 우리 사회의 가부장적 가치 전통과 성에 대한 남녀의 서로 다른 이중적 가치규범 등으로 인한 성문화의 왜곡을 들 수 있다(Fazio & Olson, 2003). 오늘날 우리의 성문화는 기존의 역사적 흐름 속에 인식되어 온 가부장적 전통관과 서구의 개방적인 성문화의 유입으로 인해 상호 충돌 및 혼합되어 성에 대한 가치관에 혼란과 갈등으로 소위 아노미 상황에 직면해 있다.

이러한 복잡다단한 우리의 성문화는 성에 대한 개방적인 사고로 인해 급속도로 확산되고 있으며, 이는 바람직한 사회적 현상보다는 향락 산업과 성의 상품화 등으로 변질되고 있다(Swanson, Rudman & Greenwald, 2001). 특히, 대중매체를 통해 홍수처럼 쏟아지는 성 관련 정보는 그 왜곡을 가속화시키고 있다. 성적 음란 정보는 사람들에게 혼란과 부작용을 가져와 오히려 그릇된 성지식과 성태도를 조장하게 되며, 성에 대한 정보의 홍수 속에서 지속적으로 여과 없이 왜곡되어 가게 된다. 이러한 왜곡된 성문화를 반영하는 한 가지 형태로 강간에 대한 통념을 들 수 있다.

강간에 대한 통념은 사회에서 자연적인 상태에서 생겨난 것이 아니라, 그 사회의 성문화나 여성에 대한 인식, 여성의 일반적인 지위, 폭력에 대한 반응양식 등 다양한 사회문화적 요소들과의 관련하에서 형성된 것이다(Mulliken, 2005).

이와 같이 복잡한 요인이 배경이 되는 성범죄는 여성을 상대로 폭행과 협박이 동반된 강압적인 행위가 수반하는 범죄이다. 이는 폭력성과 여성의 상품성화하는 잘못된 인식에서 발생하는 것이다. 또한 성범죄로 인한 피해 여성은 신체적·정신적 피해를 경험하게 되며 고소·고발 등 수사과정에서 이중·삼중의 고통을 받는 점에서 여성에 대한 인격을 침해하는 요소를 가지고 있다(Mateescu, 2008). 따라서 성범죄에 대해 위와 같이 발생하는 현실과 피해자의 고통 등을 감안하면 심각한 수준이기 때문에 더 많은 관심과 연구를 필요로 한다.

범죄는 피해자뿐만 아니라 사회에 심각성을 미친다. 즉 피해자에게는 신체적·심리적·재산상의 손상과 손실을 초래하며, 국가와 사회에 많은 비용을 요구하게 된다(허경미, 2006: 359). 특히 사회가 발전할수록 사람들은 신체와 재산에 대한 안전욕구가 계속해서 커지며, 그에 따라 범죄문제는 일상생활에서 주요 관심사이며, 반드시 해결해야 할 과제이다. 이러한 과제의 해결과 관련하여 각종 범죄에 대해 많은 방안과 대책 등이 결과물로서 산출되고 있지만 성범죄에 대해서는 관심이 상대적으로 적은 편이다.

외국의 경우 성범죄와 관련하여 유형에 따른 구체적인 분류, 특성에 따른 구분 등 많은 연구가 있지만, 우리의 경우 대부분의 연구가 성범죄의 실태, 복지측면, 법적·제도적 측면 등의 분야를 중심으로 한정적인 연구가 되어 왔다(전영실·강은영·박형민·김혜정·황태정·정유희, 2007: 41). 즉 성범죄에 대한 요인과 조건 등과 같은 본질적인 연구는 다른 분야보다 상대적으로 미흡하다. 따라서 해마다 증가하는 성범죄에 대해 보다 체계적이고 원인적 접근에 대해 연구할 필요성이 있다.

이 연구의 진행을 위해서는 성범죄와 성의식이 무엇인가에 대한 개념정의가 필요하다.

성범죄는 범죄 유형에 따라 법률적인 접근과 범죄학적 의미로 접근할 수 있다. 법률적 접근의 경우 일반법인 '형법'과 특별법으로 '성범죄의 처벌 및 피해자 보호 등에 관한 법률', '청소년 성보호에 관한 법률' 등에 대해 접근할 수 있다. 그러나 이 연구는 성범죄에 대해 일반법과 특별법 차원에서 접근하기보다는 성범죄자의 성의식에 대한 접근으로서 범죄학적 접근을 시도하였다. 왜냐하면 이 연구는 성범죄 및 성범죄자의 범죄 유형을 구성요건을 중심으로 살펴본 것이 아니라 성범죄자와 일반인 간의 성의식 차이에 관한 연구이므로 성범죄 유형을 포괄하는 것이 바람직하기 때문이다. 더욱이 성범죄 피해를 당한 여성에게는 행위유형에 따라 피해의 정도가 다른 것은 아니다. 가벼운 신체적 접촉이든, 폭력과 협박을 동반한 강간이든 피해를 입은 여성에게는 성범죄의 유형이 어떻든 간에 성범죄는 육체적·정신적 피해를 주는 범죄이며 그로 인해 2차적, 3차적 피해와 범죄 두려움에 영향을 상당히 미치기 때문이다.

다음으로 이 연구에서 성의식이란 강간통념, 성폭력 용인도 및 성역할 고정관념을 의미한다.

강간통념이라 함은 사회에 만연되어 있는 강간에 대한 의식으로서 성범죄자와 일반인이 소유하고 있는 성에 대한 의식 및 인지상태를 의미하며(Burt, 1984), 성폭력 용인도란 성폭력에 대한 허용 인지 정도를 의미한다(Feild, 1978).

성역할 고정관념이란 남성·여성에 대해 가지고 있는 생각을 의미한다(Ensign, 1996).

이 연구의 비교 대상은 남성 성범죄자와 일반인이다. 피조사자인 남성 성범죄자는 현재 전국의 보호관찰소에서 보호관찰중인 성범죄자를 대상으로 하였다. 조사를 진행하며 성범죄자의 구체적인 범죄 유형을 조사하였지만 앞에서 본바와 같이 이 연구의 특성상 성범죄자의 유형보다는 성범죄자를 포괄적으로 구성하였다. 조사대상자인 성범죄자의 구체적인 범위는 연구방법에 설명하였다.

한편 이 연구의 구성에 대해 구체적으로 살펴보면 다음과 같다.

제2장에서는 성범죄에 대한 개념을 논의하였다. 앞에서 살펴본 바와 같이 성범죄는 우리의 일반법과 특별법에서 규정하고 있지만, 이 연구의 진행상 법률적 유형으로 구분하지 않고 성범죄라는 포괄적인 의미에서 접근을 한다. 이어서 성범죄자의 성의식에 대해 논의하였다. 성의식은 추상적이고 복잡하고 그 영역이 매우 넓을 수 있으나, 이 연구에서 성의식이라 함은 강간통념, 성폭력 용인도 및 성역할 고정관념으로 구분하여 연구를 진행하였다. 강간통념, 성폭력 용인도 및 성역할 고정관념에 대해 단순한 개념 정립보다는 해당 성의식 분야에서 범죄학과 관련된 이론적 부분을 각 설명에 맞게 제시하였다.

관련 이론으로 접근을 모색한 주요 이론은 강간통념의 경우 피해자학적 접근으로서 피해자 촉발에 대한 이론적 배경을 제시하였다. 성폭력 용인도에 대해서는 우리의 일상생활에서 발생할 수 있는 성폭력 유형을 행위 유형과 법적 유형으로 구분하여 설명하였다. 성역할 고정관념에 대한 이론적 배경은 전통적 성역할 담론을 중심으로 페미니즘적 접근을 하였다. 또한 이 연구의 진행을 위해 선행연구를 검토해 보았다. 선행연구는 성범죄를 대상으로 강간통념, 성폭력 용인도, 성역할 고정관념과 관련된 연구로서 국내·외 연구를 살펴보았다.

제3장에서는 이 연구의 조사 설계를 하였다. 독립변수는 성의식으로서 강간통념, 성폭력 용인도, 성역할 고정관념으로 설정하였다. 또한 피조사자의 일반적인 질문으로서 인구사회학적 특성을 살펴보았다. 설정된 각 변인들에 대한 주요 개념의 조작적 정의, 표집 및 연구 분석 방법에 대해 설명하였다.

제4장에서는 제3장에서 실시한 조사 설계를 중심으로 연구자가 설정한 가설을 검증하기 위해 조사 결과를 분석하였다. 분석 결과를 통해 도출된 사항들은 선행연구와 함께 논의를 하였다.

마지막으로 제5장에서는 이 연구의 조사 결과에서 논의한 내용을 바탕으로 고려되어야 할 몇 가지 정책적 제언을 포함하여, 연구의 한계, 연구의 요약을 정리하여 논의하였다.

2. 연구의 방법

이 연구의 목적을 효율적으로 달성하기 위해 구체적인 방법으로 연구주제와 관련된 1차 자료 수집을 위하여 관련 문헌을 검토하였다. 또한 2차 자료 수집은 설문조사를 통한 양적인 방법을 수행하였다.

먼저 문헌연구의 경우 기존의 국내·외 문헌과 연구 결과를 바탕으로 하였다. 성범죄에 대한 개념과 성범죄자의 성의식으로서 강간통념, 성폭력 용인도 및 성역할 고정관념에 관한 여러 학자들의 견해와 연구 결과를 살피고 연구 분석의 틀을 설정하였다.

실증 분석 연구에서는 문헌 연구에서 제시된 이론적 배경을 중심으로 성범죄자와 일반인 간의 성의식 차이에 관하여 검증하였다. 이 연구를 수행하기 위해 현재 서울보호관찰소에서 성범죄자로 관리되고 있는 자를 대상으로 2009년 1월 모집단을 선정하였다. 총 50명을 대상으로 2009년 1월 19일부터 1월 23일까지 5일간에 걸쳐 예비조사를 실시하여 신뢰성과 타당성을 검증하였다.

예비조사를 바탕으로 최종적인 설문측정 도구가 구성되어 2009년 2월 1일부터 2월 28일까지 1달 동안에 걸쳐 실제 설문조사를 실시하였다. 설문조사는 전국의 보호관찰소에서 성범죄로 인해 관리되고 있는 대상자를 법무부 보호관찰국의 협조를 얻어 진행되었다. 설문지는 총 400부가 작성되어 배포되었으나 조사대상자의 부적절하거나, 불성실하거나, 무응답이 많은 125부를 제외한 총 285부를 설문 자료로서 활용하였다. 한편 이 연구에서 성범죄자와 비교 대상으로서 일반인들의 설문을 측정하였는데, 총 600부를 작성 및 배포한 결과 성범죄자와 같이 부적절한 설문 90부를 제외한 총 510부를 자료로서 활용하였다.

그런데 이 연구의 대상이 보호관찰소의 관리를 받는 자를 하였다는 점에서 이 연구의 한계로 지적될 수 있다. 교도소 재소자 중에도 성범죄로 인한 피조사대상자도 있기 때문이다. 그러나 이 연구에서 보호관찰 중인 자를 대상으로 한 것은 교도소라는 공간적, 심리적 한계 내지는 자포자기 심정으로 불성실한 답변이 예상되기 때문이다. 실제 이 연구에서 교도소 수감자를 대상으로 총 3회에 걸쳐 50명을 대상으로 예비조사를 하였으나 불성실하거나, 무응답의 결과가 대부분이어서 보호관찰 중인 자를 대상으로 하였다. 그렇다고 해서 보호관찰소에서 관리되고 있는 피조사대상자의 경우에도 불성실하거나 무응답의 결과가 없을 것이라고 판단할 수 없어서, 연구자가 피조사대상자에게 직접 설문을 조사하였다. 즉 보호관찰소에서 설문을 진행하며 연구자가 직접 방문하여 연구의 목적, 설문의 방법 등을 설명하였으며, 특히 설문의 작성방법과 관련하여 이 설문지로 인해 피조사대상자에게 불이익은 절대 없고, 범죄 이전 내지는 범죄 직후의 당시의 상황에 대해 답안을 작성해 줄 것을 계속 주지하도록 했다. 그 결과 이 연구의 실질적인 조사가 되었다. 그러나 또 다른 연구의 한계로 지적될 수 있는 것은 보호관찰 중인 자라도 보호관찰의 기간이 오랫동안 진행되어 온 대상자의 경우 기억력에 의존할 수 있다는 한계가 있다. 또한 일부 대상자의 경우 교정 내지 교화된 상태로 설문에 응하여 이 연구에 부합된 결과가 예상될 수 있지만, 이 또한 연구자가 설문의 응답을 코딩하는 과정에서 불성실한 설문지로 간주하여 최대한 제외시키려 하였다.

표본의 인구사회학적 특성별 인원을 산출하기 위하여 빈도분석(Frequency Analysis)을 하였다. 주요 변수의 평균과 표준편차를 도출하기 위하여 기술통계분석(Descriptive Analysis)을 실시하였다. 측정 도구의 신뢰성을 검증하기 위하여 신뢰도 분석(Reality Analysis)을 통하여 Cronbach의 α값을 산출하였으며, 검사도구의 타당성을 검증하기 위하여 각 척도에 대하여 요인분석을 실시하였다. 성범죄자의 성의식에 대한 연구 모형과 관련해서 기존의 연구에 의해 검증된 다양한 척도를 통해 이 연구의 가이드 역할을 하며, 자료의 분석은 연구 목적과 부하된 차이를 보이는지 알아보기 위해 교차 분석을 하였다. 그리고 강간통념, 성폭력 용인도와 성역할 고정관 념과의 관계 등은 로지스틱 및 회귀분석으로 추출하였다.

이 연구에서 조사대상을 성범죄자 집단과 일반인 집단 두 집단 으로 선정한 이유는 이 연구가 비교 연구의 성격을 갖고 있기 때 문이다. 또한 조사대상자는 남자로 한정하였는데, 이 연구는 성범 죄 가해자 중심으로 조사하기 때문이다.

한편 조사대상자를 남자로 한정한 것은 연구의 한계가 될 수 있 다. 그러나 여자의 경우 남자보다 성범죄 현황이 상대적으로 적기 때문일 수도 있으나, 이 연구에서는 성의식으로서 강간통념, 성폭 력 용인도 및 성역할 고정관념이기 때문에 여성보다는 조사 및 연 구 대상은 남자가 더욱 적합하기 때문이다. 또한 여성의 경우 특 별법상의 성매수 등을 제외한다면 성범죄의 간접정범 형태로 성범 죄가 가능할 수 있으나, 일반적으로 여성이 성범죄의 주체가 될 수 있는 경우는 거의 드물다고 할 수 있다.

이 연구에서는 문헌조사와 공식통계 자료의 분석, 대상 집단 간 의 설문조사 항목을 변수화하여 SPSS Window 15.0 통계패키지를 이용하여 통계분석을 실시하였다.

이런 연구 방법을 중심으로 진행하였지만, 연구의 한계 또한 남 아 있다. 이 연구의 측정방법에 있어서 자기보고식 질문지를 사용 함으로써 응답자들의 불성실한 답, 자신의 사실을 감추려는 반응 경향, 사회적으로 바람직한 방향으로 반응하려는 경향, 또는 고의 로 자신을 나쁘게 표현하려는 반응 경향이 개입될 여지가 있다.

제2장 성범죄 및 성의식 관련 이론적 배경

제1절 성범죄의 의의 및 성범죄자의 유형

1. 성범죄의 의의

　성범죄는 법률적 측면과 범죄학적 측면 등 두 가지 측면에서 정의할 수 있다. 먼저 성범죄의 법률적 측면과 관련하여 일반법으로 형법의 적용을 받는다. 형법 제297조는 강간에 대해 정의하고 있는데, 강간이라 함은 폭행 또는 협박으로 부녀를 간음하는 것을 의미한다. 또한 강간과 유사한 범죄로서 제298조에서는 강제추행을 규정하고 있는데 이는 폭행 또는 협박으로 사람에 대해 강제추행을 하는 행위이다. 그리고 제299조는 사람의 심신상실 또는 항거불능의 상태를 이용하여 간음 또는 추행을 하는 행위에 대해 준강간 또는 준강제추행으로 규정하고 있다. 제301조는 제297조 내지 제300조의 죄를 범한 자가 사람을 상해하거나 상해에 이르게 한 경우에는 강간 등 상해·치상으로 정의하고 있다. 제301조의 2에서는 제297조 내지 제300조의 죄를 범한 자가 사람을 살해한 경우로서 강간 등 살인·치사행위를 규정하고 있다. 미성년자 등에 대한 간음에 대해 제302조에서는 미성년자 또는 심신미약자에 대해 위계 또는 위력으로 간음 또는 추행을 한 자에 대한 처벌 규정을, 제303조에서는 업무상 위력 등에 의한 간음을 정의하고 있다. 그런데 업무와 관련하여 업무, 고용 기타 관계로 인해 자기의 보호 또는 감독을 받는 부녀에 대해 위해 또는 위력으로서 간음한 자를 처벌하는 규정이 있다. 한편 제304조의 경우는 혼인빙자 등에 의한 간음에 대해 혼인을 빙자하거나 기타 위계로서 음행의 상습 없는 부녀를 기망하여 간음한 자에 대한 법률 규정이 있다. 제305조의 경우 13세 미만의 부녀를 간음하거나 13세 미만의 사람에게 추행을 한 자에 대한 처벌 규정을 둠으로써 미성년자를 위한 법적 보호를 규정하고 있다.

성범죄에 대한 특별법으로서 '성범죄의 처벌 및 피해자 보호 등에 관한 법률'과 '청소년의 성보호에 관한 법률' 등이 있다. 먼저 '성범죄의 처벌 및 피해자 보호 등에 관한 법률'은 성범죄를 예방하고 그 피해자를 보호하며, 성범죄의 처벌 및 그 절차에 관한 특례를 규정하여 국민의 인권신장과 건강한 사회질서의 확립에 이바지함을 목적으로 하고 있다. 그런데 이 법에서는 형법 제22장 성풍속에 관한 죄 중 제242조(음행매개)·제243조(음화 등의 반포 등)·제244조(음화 등의 제조 등) 및 제245조(공연음란)의 죄, 형법 제31장 약취와 유인의 죄 중 추행 또는 간음을 목적으로 하거나 추업에 사용할 목적으로 범한 제288조(영리 등을 위한 약취, 유인, 매매 등)·제292조(약취, 유인, 매매된 자를 수수 또는 은닉. 다만 제288조의 약취·유인이나 매매된 자를 수수 또는 은닉한 죄에 한한다)·제293조(상습범. 다만 제288조의 약취·유인이나 매매된 자 또는 이송된 자를 수수 또는 은닉한 죄의 상습범에 한한다)·제294조(미수범. 다만 제288조의 미수범 및 제292조의 미수범 중 제288조의 약취·유인이나 매매된 자를 수수 또는 은닉한 죄의 미수범과 제293조의 상습범의 미수범 중 제288조의 약취·유인이나 매매된 자를 수수 또는 은닉한 죄의 상습범의 미수범에 한한다)의 죄 등이 포함되어 있어 이 연구의 성폭력의 행위 유형과는 차이가 있어 성폭력과 관련된 유형의 범죄만을 보면 다음과 같다.

먼저 이 법에서는 형법 제32장 강간과 추행의 죄 중 제297조(강간)·제298조(강제추행)·제299조(준강간, 준강제추행)·제300조(미수범)·제301조(강간 등 상해·치상)·제301조의 2(강간 등 살인·치사)·제302조(미성년자 등에 대한 간음)·제303조(업무상위력 등에 의한 간음) 및 제305조(미성년자에 대한 간음, 추행)의 죄, 형법 제339조(강도강간)의 죄에 관하여 동일하게 적용하고 있다. 그런데 형법의 적용과는 별도로 제5조에서는 특수강도강간 행위를 규정하고 있으며, 주거침입, 야간주거침입절도, 특수절도에 대한 규정과, 특수강간, 친족관계에 의한 강간 등에 대해 처벌을 규정하고 있다.

다음으로, ‘청소년 성보호에 관한 법률’은 청소년의 성을 사거나 이를 알선하는 행위, 청소년을 이용하여 음란물을 제작·배포하는 행위 및 청소년에 대한 성폭력행위 등으로부터 청소년을 보호·구제하여 청소년의 인권을 보장하고 건전한 사회구성원으로 성장할 수 있도록 하는 데 목적이 있다. 이 법의 제2조 내용을 보면 아동 대상 성범죄는 형법상의 전형적인 성폭력과 유사 성교 행위, 신체 노출 등의 행위를 나타내고 있다. 이러한 형법 및 특별법상의 나열적 성폭력 개념 중에서 아동에 대한 성폭력에 해당되는 성폭력 유형을 정리하면, ‘강간’, ‘강제추행’, ‘준강간·준강제추행’, ‘미성 년자 의제강간·강제추행’, ‘강도강간’, ‘강간 등 상해·치상 및 살인·치사’, ‘성매매’의 일곱 가지 유형으로 구분할 수 있다.

성범죄에 대한 정의는 그 중심을 법적 개념에서 제기하는 ‘정조의 문제’보다는 ‘성적 자기 결정권의 문제’로 접근하는 것이 다양한 성범죄의 유형을 일련의 연속성상에서 파악할 수 있고, 보다 직접적이고도 적극적인 권리 보호의 방안을 주장할 수 있다. 따라서 성범죄의 개념을 정리하면, 성범죄라 함은 성을 매개로 이루어지는 유형 및 무형의 강제력의 행사를 말한다. 여기에는 사회적, 신체적으로 우월한 지위를 이용한 남성이 여성에 대한 성적 자기결정권을 침해하는 행위뿐 아니라 동성 간에 이루어지는 어느 일방에 대하여 행해지는 강간도 포함된다고 할 것이다(구현아·이수정, 2005: 69).

성범죄의 개념을 일반적 관점으로서 법적 개념에서 규정된 성범죄의 유형 외에 음란전화, 성적 희롱, 욕설, 가벼운 추행, 그리고 남성이 여성을 통제하기 위한 그 밖의 행위들과 아내 강간 등도 성범죄의 범주에 넣고 있으며 각각의 유형을 분리하여 파악하는 것이 아니라 여러 형태의 성범죄를 서로 연결하여 연속성상에서 파악하고 있다(김은주, 2007: 113).

미국의 경우는 성범죄를 구체적으로 구분하여 설명하고 있다. 전국적인 범죄피해자조사기관인 NCVS는 성범죄를 강간과 성범죄로 구분하고 있는데, 강간은 폭력적인 성교 또는 성교의 시도가 있는 경우로 정의하고, 성범죄는 강간 또는 강간 시도 이외의 성범죄로 구분하고, 강압적인 강간은 여성의 의지에 반하여 여성에게 폭력적이고 강제적인 성교를 하는 행위로서 완전한 성교뿐 아니라 성교의 시도에도 범죄로 인정하고 있다(Adams, Bernat, Calhoun, Zeichner, 2001: 179－180). 성범죄는 정조나 체면, 도덕성 등에 반하여 법적인 강간과 구강성교나 항문성교 등을 포함한 남색도 포함하고 있다. 수사기관의 기록을 기초하여 전국적인 범죄사건조사

를 하는 NIBRS는 성범죄를 좀 더 구체적으로 세분화하여 정의하
고 있는데, 강압적인 강간, 미성년자 의제강간, 강압적인 남색, 도
구를 사용한 성폭행, 강제적인 애무, 근친상간으로 구분하여 정의
하고 있다(이수정, 2006: 224 - 225).

　김원홍·이인숙·권희완(2000)은 성폭력이란 상대방의 동의 없
이 강제적으로 성적인 행위를 하거나, 성적인 행위를 하도록 강요
하는 폭력행위이다. 여기에는 강간, 성추행, 성희롱, 성기노출, 음
란통신, 윤간, 인신매매, 강제 매춘, 포르노 제작 및 판매, 어린이
강간, 부부 강간 등 성을 매개로 인간에게 가해지는 모든 신체적,
언어적, 정신적 폭력들을 포함하고 있다. 심지어 성폭력에 대한 불
안감이나 그것으로 인한 행동의 제약도 간접적인 성폭력에 해당된
다. 또한 언어 희롱이나 성기노출, 가벼운 성적 접촉에서부터 강간
에 이르기까지 성을 매개로 상대 여성에게 신체적, 정신적 불쾌감
이나 불안감, 공포를 주는 모든 행위를 성폭력으로 규정하고 있다.

　성범죄에 대한 개념을 종합해 보면 강간, 윤간, 강도강간뿐 아니
라 성추행, 언어적 희롱, 음란전화, 성기노출, 어린이 성추행, 아내
강간 등 상대방의 의사에 반하여 가하는 성적 행위로 모든 신체
적·언어적·정신적 폭력을 포괄하는 광범위한 개념이다. '상대방
의 의사에 반한다.' 함은 원치 않거나 거부하는 행위를 상대방에게
계속하거나 강요한다는 말이다.

　이 연구에서 성범죄라 함은 연구범위에서 제시한 것과 같이 법
률적 개념에서 제시된 내용 이외에 상대방으로 하여금 성범죄에
대한 막연한 불안감이나 공포감을 조성할 뿐만 아니라 그것으로
인한 행동제약을 유발시키는 것도 성범죄라 할 수 있을 것이다.

2. 성범죄자의 유형

성범죄자에 대한 유형은 다양한 기준에 의해 분류되고 있다. 그 가운데 상당히 많은 연구에서는 강간동기를 기준으로 성범죄자의 유형을 폭력 지향형 성범죄자(power assertive rapist), 폭력 강화형 성범죄자(power reassurance rapist), 분노 보복형 성범죄자(anger retaliation rapist), 분노 가학형(sadistic rapist)으로 분류하고 있다. FBI의 경우에도 위와 같은 기준으로 성범죄자를 구분하고 있다. 따라서 이 연구의 성격을 고려하여 성범죄자의 유형을 강간동기를 중심으로 구분하여 설명하려고 한다.[1]

1) 폭력 지향형 성범죄자(power assertive rapist)

폭력 지향형 성범죄자는 성적인 공격을 남성다움, 주인의식, 지배력의 표현이라 인식하는 성범죄자로서 이들에게는 단지 성행위보다 일종의 약탈을 위한 폭력적 행위로 인식을 한다(Holmes & Holmes, 2002: 144 – 156). 성범죄 사건 중에서 많은 부분이 폭력 지향형 성범죄이다. 이는 전체의 과반수를 점하는 유형으로 이들 범인이 노리는 것은 자신의 힘, 남성다움, 정복, 우월, 지배, 성적인 매력을 과시하기 위한 목적이다. 특히 성범죄 행위 시 나타나는 공격성은 피해자의 복종을 확보하기 위한 것이며, 성범죄자들은

---

[1] 성범죄 유형을 강간동기로 구분한 대표 연구물 중 Groth, Burgess, Holmstrom는 133명의 성범죄자와 92명의 피해자를 대상으로 한 공동연구를 통하여 성범죄에 결정적인 영향을 주는 것은 폭력, 분노 그리고 성욕이라고 결론지었다. 이들은 성범죄자를 폭력 지향형, 폭력 강화형, 분노 보복형, 분노 가학형 등의 네 가지 유형으로 구분하고 있다. 이 연구에서도 위와 같은 4가지 유형으로 구분하여 설명한다.

피해 여성이 처음에는 반항하다가 뒤에 가면 굴복하여 기쁘게 응할 줄로 기대한다(Holmes & Holmes, 2002: 153).

폭력 지향형 성범죄자의 개인적 특성에서 찾아볼 수 있는 것은 가정에 문제가 많으며, 결혼생활도 원만하지 못하다는 것이다. 외모와 복장에 많은 관심을 가지고 있으며, 신사적인 태도로 여성에게 접근을 한다. 특히 술집, 클럽 같은 곳에서 피해자를 주로 물색한다. 주변 사람들은 이들을 여자를 유혹하려고 궁리하는 사람으로 기억하는 경우가 많다. 남성적인 이미지를 과시하기 위하여 목소리가 크고 떠들썩하지만 매너가 좋은 사람으로 행동을 한다. 폭력 지향형 성범죄자는 전통적으로 남성적인 직업에 종사하고 있을 수 있다(허경미, 2008: 57).

이들의 공격은 언어적 폭력과 신체적 폭력 등 다양한 폭력 형태로 나타난다. 이 유형의 성범죄자는 피해자에게 갖가지 성적 행위를 요구한다. 이들에게 성교는 포식자로서의 약탈적 본능을 충족시키는 행위와 같이 자기의 주체성을 증명함으로써 자신 속에 있는 열등감을 부정하려고 안간힘을 쓴다. 따라서 범행 수법이 유사하며 동일한 피해자에게 수회에 걸친 범행을 한다(Ressler & Douglas, 2004).

폭력 지향형 강간범은 일반적으로 부인 혹은 연인과 같은 일정한 섹스 파트너를 가지고 있지만 성에 대한 충동을 느끼며, 성범죄 시 피해자에 대한 폭행은 피해자의 순종을 강요하는 수단으로 행해진다. 폭력 지향형 성범죄자는 그의 충동을 거의 억제하지 못하므로 성격 진단 시 반사회적 성격장애나 정신병질자로 분류될 수 있다(허경미, 2008: 58).

한편 이 유형의 성범죄자는 이 연구에서 여성에 대한 폭력 지향성과 관련하여 성역할 고정관념의 하위변수인 남성우월주의와 관련된다. 또한 술집에서 여자를 유혹하거나, 술에 취한 여성을 유혹하는 유형으로서 강간통념의 하위변수인 피해자 행동에 대한 오해의 모형과 관련된다.

2) 폭력 강화형 성범죄자(power reassurance rapist)

폭력 강화형 성범죄자는 낮은 자존감, 패배 의식으로 인해 활동이 적어지며, 이러한 소극적인 특성으로 인해 최소한의 사회적 능력을 유지할 뿐이며, 대부분의 시간을 성인잡지를 보며 지낸다. 또한 이런 특성은 무능력과도 연결되는데 경제적 문제 때문에 싱글이며 부모와 동거하는 경우가 많다. 그러나 소극적이고 적은 활동으로 인해 주변 사람들에게는 오히려 꾸준하고 신뢰성 있는 직원으로 비치기도 한다. 또한 낮은 교육수준과 가깝게 지내는 친구가 없다는 특징이 있다(Knight & Prentky. 1987: 403 - 426).

폭력 강화형 성범죄자의 신체적 특징은 외모나 체격에서 남성다움을 찾아보기 어렵다는 점이다. 따라서 폭력 강화형 성범죄자가 여성과 사회적·성적으로 교제하고 싶지만 왜소한 신체적 조건 때문에 자신감이 결여된 특성을 보이기도 한다.

폭력 강화형 성범죄자는 심리적 특성과 신체적인 특성으로 인해 자신의 남성성을 확인하려는 욕구가 매우 강한 자들이지만 현실적으로 불가능한 요소가 많기 때문에 그만큼 성행위에 대한 환상(sexual fantasies)에 사로잡히게 된다. 이러한 까닭 때문에 이들을 '비이기적 강간범(unselfish rapiest)', '보상형 강간범(compensatory rapist)'이라고 불리기도 한다. 폭력 강화형 성범죄자에게 성범죄의 기본적 목적은 성적인 행동을 통하여 그 자신의 지위를 고양시키는 것이다. 그는 평상시 자신을 사회의 낙오자라고 생각하고 있었지만 성행위를 통해 피해자를 자신의 통제하에 둠으로써 자신이 중요한 사람이라는 것을 스스로 믿고 싶어 한다(Douglas & Olshaker, 1995).

폭력 강화형 성범죄자는 환상 때문에 자신이 여성에게 성범죄를 하고 있음에도 불구하고 마치 상대방을 배려하고 있다고 착각을 하기도 한다. 또한 성범죄 시에 여성들로 하여금 스스로 옷을 벗게 하고 이를 통하여 피해자인 여성도 섹스를 즐긴다는 혼자만의 환상을 부추기게 된다. 이들은 피해자들이 성적 강간행위를 즐긴다는 가정하에 범행을 저지르므로 성행위 도중 피해자들에게 음란한 표현을 하도록 하거나 자신이 행하기도 한다. 또한 이들은 정신병질적인 성적 다양성을 보이는데 복장도착, 노출증, 관음증, 성욕도착이나 과도한 자위행위 등의 모습을 보인다(허경미, 2008: 59-60). 이러한 환상의 핵심은 사실을 왜곡하여 지각하는 것으로 피해자가 강간당하는 것을 즐길 것이며 아마도 자기와 성적 유희에 빠질 거라고 생각하는 데 있다. 만약 피해자가 자신의 환상대로 움직이지 않거나 이를 거부하고 무시한다고 생각되면 피해자에게 큰 위협을 가해 살해하는 경우도 발생한다(김상균, 2007).

폭력 강화형 성범죄자는 그와 동일한 연령 집단과 동일한 인종 집단 내에서 피해자를 고르는 경향이 있고, 그가 걸어서 돌아다니기 때문에 종종 주변 이웃 또는 그의 직장 근처에서 피해자를 고른다. 일반적으로 강간범은 비교적 적은 폭력으로 시작하지만,

범죄가 지속되면서 폭력성이 증가될 수 있다(Holmes & Holmes, 2002: 146).

이러한 유형의 성범죄는 가해자들이 그들의 남성다움에 대한 불안을 해소하기 위하여 범행을 저지르게 되는 경우이다. 그러나 범행 이후에도 불안이 해소되지 않고 더 깊어지면, 또다시 강간을 저지르게 되는 등 반복적으로 범행을 하게 된다. 주로 이런 유형의 강간범들은 범행 전에 미리 범행계획을 치밀하게 세우고 피해자를 물색하여 피해자를 유혹 내지 유인하여 강간을 저지르는 계획적인 범행을 하는 특성을 보인다(Hazelwood & Burgess, 2001).

이 연구에서는 폭력 강화형 성범죄자의 유형에서 나타나는 주요 특징과 관련하여 인구사회학적 특성에서 부모와의 동거 여부, 직업, 소득 정도 등에 대해 접근을 한다. 또한 이 연구의 주요 목적인 성의식과 관련하여 강간통념에 대해 접근이 가능하다. 즉 성범죄자의 강간통념 중 '피해자는 강간을 당하고 싶어 한다.' 등의 여성 행동에 대한 오해의 모형과 관련된다.

3) 분노 보복형 성범죄자(anger retaliation rapist)

분노 보복형 성범죄자는 자신이 다른 여성에게 직·간접적으로 피해를 당했던 부당한 행위에 대해 보복하려는 데 주요 목적이 있다. 이들은 부모 한쪽 혹은 양쪽으로부터 성적으로 학대를 받은 경험이 있고, 부모가 이혼하는 경우도 많다. 양육 형태는 입양되어 위탁가정에서 양육된 경우가 많은데, 어머니 혼자 혹은 여성 혼자 아이를 돌보는 집에서 성장한 특징이 있다. 분노 보복형 성범죄자는 그 자신을 체력적으로 강건하고, 남성적이라고 생각하므로 육체적 활동이 많은 스포츠를 즐기는 특성이 있다. 결혼을 하지만 남성적인 이미지를 강화하기 위하여 다양한 혼외정사를 즐기는 경우도 있다.

주변 사람들은 이들에 대해 성질이 급하고, 폭력적 기질을 가지고 있다고 평가할 수 있다. 이들은 강간에 대한 통제 불가능한 충동을 가지고 있는 것으로 보이며, 자신의 부인이나 모친 또는 기타 여성들과의 일련의 경험으로 여성에 대한 증오감을 가지며, 이러한 증오감이 분노감을 촉발시키고, 분노에 대한 보복적 행위가 강간의 형태로 나타나는 것으로 보인다(Holmes & Holmes, 2002: 148).

이런 주요 특징은 이 연구에서 인구사회학적 특성의 모형이 된다(허경미, 2008: 60 - 61).

분노 보복형 성범죄자는 주로 자신의 집 근처에서 강간을 저지르는 경향을 보인다. 이는 강간이 우발적으로 행해지고 비계획적으로 행헤지기 때문이다.

이들에게 강간은 성적 행위가 아니라 주로 분노의 표현이며, 강간 시 폭력을 행사하는 것은 피해자를 해치려는 의도가 강하다. 강간 과정에서 나타나는 폭력은 언어적 공격부터 신체적 공격에 이르기까지 다양하며, 피해자에게 상당히 음란한 말을 내뱉고 종종 피해자들의 옷을 찢기도 하며, 주먹과 발을 포함해서 닥치는 대로 흉기를 사용하여 피해자를 폭행한다.

이들은 피해자를 폭행하여 저항 불능하게 만든 다음 피해자에게 언어적 폭력을 퍼붓는데 이는 자신의 성적 흥분을 고양시키는 동시에 피해자에게 공포와 두려움을 주기 위한 것이다. 이들은 피해자에게 항문섹스나 오럴섹스를 하거나 얼굴에 사정을 하기도 한다. 이들은 피해자로 같은 연령대 내지 약간 나이 많은 여성을 자신의 집 근처에서 주로 차를 타고 다니면서 대상을 찾는다. 이들은 범행 후 더 이상 피해자를 접촉하고자 노력하지 않는다(허경미, 2008: 63 – 64).

4) 분노 가학형(sadistic rapist)

분노 가학형 성범죄자는 가장 위험한 강간범으로 강간의 목적은 성적으로 공격적인 환상을 표현하는 것이라 할 수 있다. 이들은 대부분 반사회적 성격장애를 보이고 있으며, 일상생활에서도 상당히 공격적인 양상을 보인다. 이들은 공격과 폭력을 에로틱한 것으로 인식하고 있다. 분노 가학형 성범죄자의 사회적 특징들을 보여주는데 이들 중에는 편부모 가정하에서 자랐고, 대다수가 아동기에 신체적 학대를 겪었으며, 많은 수가 성적 일탈 현상을 보이는 가정에서 자랐다. 이들은 관음증, 난잡한 성교, 과도한 자위행위와 같은 유년기 성적 병리 증세의 이력을 가지고 있다(Kenney & More, 1994: 96).

전형적인 분노 가학형 성범죄자는 결혼을 했고 주변에서는 그를 가정적이고 좋은 남편으로 인정한다. 상당수는 범죄율이 낮은 중산층 거주지역에 살며, 성공한 사람으로 인정을 받으며, 평균 이상의 교육을 받았으며, 전문직에 종사하고 있다.

이러한 유형의 강간범은 강박적인 성격(compulsive personality)을 보이는데, 이 요소는 프로파일링 과정에 있어서 특히 중요하다. 이들의 외모 및 차량은 잘 정리되어 있고 깨끗하며, 항상 최적의 상태를 유지하고 있다. 분노 가학형 성범죄자는 지적이며, 전과가 거의 없는 경우가 많다. 그는 매우 치밀하게 강간을 준비하며, 일정 지역에서 범행을 행하였더라도 그가 가진 지역의 평판 등으로 용의선상에서 배제될 수 있다. 즉 전과가 없고, 학식이 풍부하며, 사회적으로 인정을 받으며, 뚜렷한 증거를 찾기 힘든 점 등이 경찰의 수사를 피해 가게 하는 것이다(Holmes & Holmes, 2002: 151).

분노 가학형 성범죄자에게 있어서 강간은 폭력을 표현하는 하나의 수단이다. 따라서 체포되지 않는다면, 이들은 궁극적으로 피해자들을 살해하기 시작한다. 이들은 잘 손질된 차량을 이용해서 피해자를 스토킹한다. 이들은 피해자 선정을 신중하게 하며, 눈에 안 띄는 장소로 이동시킨다. 이들은 집 주변보다 먼 장소까지 가서 피해자들을 선택하는데 평균적으로 3마일 정도를 돌아다니며, 이들 중 절반은 자신의 집 주변에서 범행을 하다가 체포되기도 한다. 이들은 피해자들에게 극히 불경스럽고 모욕적인 언어로 그가 앞으로 무엇을 할 것인지를 설명하기도 하고, 피해자들을 폭행하는 동안 그의 부인 또는 어머니 등의 다른 이름으로 부르도록 한다(Holmes & Holmes, 1998: 120). 이 유형에서 나타나는 행위는 이 연구에서 인구사회학적 특성에서 살펴볼 수 있다.

그런데 성범죄자의 유형에서 나타나는 다양한 태도는 성범죄 실행 시 나타날 수 있는 행위 양태로서 이 연구의 진행에 있어 성범죄자가 행사 가능한 범죄 유형과 용인도를 살펴보는 데 조사의 모형이 될 수 있다.

제2절 성범죄자의 성의식에 관한 논의

성범죄자 대부분은 죄의식을 느끼지 못하거나 피해자의 고통에 둔감하고, 아예 피해자의 존재 자체를 인정하지 않는다. 그것은 그들이 자신의 행동을 '성폭력'이 아니라 '성관계'로 인식하고 있거나 정상적인 남성 행동의 일부로 보고 있기 때문이다. 이는 성폭력범이라는 낙인에서 벗어나기 위해 자신의 행동이 잘못된 것임을 알면서도 부정하는 것일 수도 있지만, 실제로 그렇게 믿고 있는 경우가 많다(변혜정, 2006: 328).

강간통념은 성(sexualization)의 과정으로 성차별과 여성에 대한 폭력의 합리화, 이중적인 성 규범 등 다양한 요인들로 인해 개인들에게 내면화되어 나타난 것이다. 그리고 강간통념은 성범죄의 책임을 여성과 같은 피해자에게 돌리고 피해자의 피해는 당연한 결과라고 믿도록 한다(Mulliken, 2005).

강간통념은 성범죄에 대한 변명과 합리화를 제공하며 성폭력을 문화적으로 학습하게 하는 요인이 된다. 이러한 강간통념은 사회 전반에 걸쳐 영향을 미치며 사회구성원들에게 성에 대한 기준점을 제시한다(Komorosky & Dawna, 2003: 56). 또한 심리 저변에 형성되어 있는 성폭력 용인도를 중심으로 상대방에게 자신의 성적 관심을 표시한다. 또한 개인의 심리 기저에 형성된 성에 대한 자신만의 고정관념을 중심으로 행동하게 된다. 즉 성역할에 대한 고정관념을 중심으로 성차별적인 행위를 하거나 상대에 대한 이중적인 성윤리 등이 나타난다.

사회의 구성원들은 사회화 과정, 특히 성사회화 과정을 통하여 남성과 여성의 비대칭적 성문화를 포함하는 성차별, 성폭력 등을 자연스러운 것으로 인식하게 된다. 이러한 인식과정에는 강간통념뿐만 아니라 성폭력 용인도, 성역할 고정관념의 과정도 포함된다.

앞에서 이 연구는 성범죄자의 강간통념, 성역할 고정관념 및 성폭력 용인도와의 관계 및 일반인과의 차이를 검증하는 것이라고 그 목적을 밝혔다. 따라서 이 절에서는 성범죄자의 성의식[2]으로서 강간통념, 성폭력 용인도 및 성역할 고정관념에 대해 살펴보고자 한다.

1. 강간통념

강간통념(rape myth)이란 강간을 미화하는 관념으로서 성범죄를 정당화하고 합리화하는 심리적 기제를 말한다(허경미, 2005: 117 - 118). 주로 강간 등과 같이 성범죄와 관련된 개념에 대해 일반인들이 알고 있는 잘못된 인식으로, 여성을 피해 대상자로 하는 강간에 영향을 주는 다양한 요인 중의 하나이다(Mateescu, 2008: 6). 이런 강간통념은 남성이 여성에게 성범죄를 당연시하여 성범죄의 가능성을 제고시키는 기능적 역할을 한다.

우리 주변의 만연된 강간통념은 성폭력행위를 남성의 본능으로 합리화하고, 성범죄의 책임을 피해자 여성에게 전가시키는 기능을

---

2) 성의식은 인간의 심리적인 측면을 다룬 것으로서 연구 주제에 따라 다양하게 논의될 수 있다. 예를 들어 자아존중감, 공감능력, 친밀감 등을 들 수 있다. 이 연구에서는 성의식을 강간통념, 성폭력 용인도, 성역할 고정관념으로 한정하였다. 성범죄자의 성의식을 더 확대할 수 있지만, 가장 보편적으로 지지받는 세 가지 요소로 성의식을 제한한 것이다. 따라서 성범죄자의 성의식과 관련된 자아존중감, 공감능력 등은 향후 연구주제로 남겨 두기로 한다.

한다.[3] 타인의 신체와 자유를 침해하는 폭력행위인 강간통념이 우리 사회에 만연된 원인은 현 사회의 모순적인 이념 체계를 반영한 것으로서 여성에 대한 폭력을 묵인하고, 성에 관한 남성과 여성의 불평등한 권리를 지지하며, 사회의 모든 부분에서 여성이 주로 피해자이고 약자가 되는 상황에 익숙해져 있기 때문이다(이석재, 1999).

강간통념은 성범죄의 책임을 여성과 같은 피해자에게 돌리고 피해자의 피해는 당연한 결과라고 믿도록 한다. 강간통념은 가부장적 그리고 성폭력에 대한 변명과 합리화를 제공하며 성폭력을 문화적으로 학습하게 하는 요인이 된다(LaVerdiere, 2005). 즉 사회의 구성원들은 사회화 과정, 특히 성 사회화 과정을 통하여 남성과 여성의 비대칭적 성문화를 포함하는 성차별, 성폭력 등을 자연스러운 것으로 인식하며 이를 기초로 폭력과 성차별을 함축하는 강간에 대한 통념도 자연스럽게 인식하게 되는 것이다(박정, 2008: 525).

강간에 대한 통념은, 강간에 대한 정확한 지식과 학술적 연구가 보편화되지 못한 현 상황에서, 일반인이 강간을 이해하는 방식일 뿐 아니라 강간에 대한 정보 제공의 기능까지 담당하는 사회적 산물이다. 그러므로 이것은 강간을 보는 그 사회의 시각이라고 할 수 있다. 현재 존재하는 강간에 대한 통념들은 성(sexuality)에 대한 남성 위주의 시각과 폭력행위의 허용 경향 등 현 사회의 모순적 이념체계를 반영하고 있다(이석재, 1999).

---

3) 2005년 5월 대구여성의 전화에 따르면 지난 4월부터 약 2개월간 대구지역 12개 중·고등학교 재학생 1천500여 명을 대상으로 성에 대한 통념 등 성의식에 대해 조사한 결과, 58.2%가 '여자들의 야한 옷차림과 행동이 성폭력을 유발한다.'고 답했다. 또 학생 중 38.2%는 '남성의 성충동은 본능적이어서 자제하기 어렵다.'고 말했으며, '여자가 순결을 지키는 것은 당연하다.'는 응답이 64.1%로 남자의 순결 의무를 당연시하는 의견 52%보다 많았다. 한겨레 인터넷 신문(2005. 5. 29).

강간통념을 내면화하고 있다고 해서 모두 다 성범죄자가 되는 것은 아니며, 이러한 믿음이 직접적으로 성범죄를 유발했다고 단언할 수는 없다. 그러나 적어도 '피해자도 즐긴다'라는 생각은 가해자에게 죄의식을 없애 주고 오히려 피해자를 비난하는 논리를 제공하며 성범죄를 부인하게 한다는 점에서, 일부 남성이 성범죄를 저지르는 데 필요한 직접적인 동기는 아니더라도 정당화 구실을 제공한다고 볼 수 있다(Snyder, 2008).

1950년대에 Wolfgang은 범죄의 피해자 촉발(victim precipitation)이라는 용어를 사용한 이래 피해자학적 관점에서 다양한 유형의 범죄에 원용되어 왔다. 성범죄의 경우에 피해자가 처음에 말이나 몸짓 등으로 성적 관계를 동의하고 나서 행위 직전에 거부했다는 이유에서 성범죄의 피해자를 부분적으로 비난하는 계기가 되고 있다(Curtis, 1974: 594－605). 그런데 이러한 논쟁의 기저에는 성범죄에 대한 잘못된 인식 또는 성범죄에 대한 잘못된 통념이 깔려 있음을 알 수 있다.

우선 남성은 통제할 수 없는 성적 욕구를 가지고 있기 때문에 여성이 남성의 성욕을 자극했다면 그로 인한 성범죄의 남성책임은 없다는 인식이다. 그러나 대부분의 성범죄가 폭력을 수반하고 있고 계획된 것이라는 사실을 고려한다면 성범죄가 남성의 통제할 수 없는 성욕에 의해 무의식적으로 이루어졌으며, 따라서 단순한 성적 행위에 지나지 않는다는 주장은 옳지 않다. 성범죄에 대한 또 하나의 잘못된 통념은 여성의 피학음란증에 관한 주장이다. 성범죄를 통한 고통과 학대라는 메조키즘적 경험을 통해서 쾌락을 얻기 때문에 성범죄는 피해자에게 즐거움을 주는 일종의 피해자 없는 범죄(victimless crime)라는 시각이다[4](이윤호, 2008: 97).

피해자학적 관점에서 이 연구와 관련된 주요 특성[5]은 범죄에의 노출(exposure to crime), 표적의 매력성(target attractiveness)을 들 수 있다.

범죄에의 노출은 개인의 범죄에 대한 취약성(vulnerability)을 나타내는 것이라고 할 수 있다. 늦은 밤 시간과 같이 위험한 시간에 위험한 지역에 처한 사람은 당연히 성범죄의 위험성에 더 많이 노출되어 있는 것이다. 이처럼 범죄에의 노출은 대체로 개인의 일상적 활동(routine activity)과 생활양식(life - style)에 기인하는 바가 크다(Cohen & Sampson 1989: 378 - 400). 상대적으로 위험성이 높은 야간에 위험성 많은 장소 등에서 많이 노출되는 사람일수록 범죄에 그만큼 많이 노출되는 것이고 따라서 범죄피해의 위험성도 높아지는 것이다(Kennedy & Forde, 1990: 137 - 151).

표적 매력성(target attractiveness)의 경우 범죄에 있어서 특정 표적이 범죄자에게 상징적 가치가 있기 때문에 선택된다는 논리에 기초하고 있다. 범죄의 표적으로서의 매력은 이처럼 가치뿐만 아니라 물리적 저항이 적을수록 매력적인 표적이라고 할 수 있다. 그래서 범죄피해의 구조적 - 선택모형에 의하면, 표적 결정 시 중요한 것은 표적과 관련된 상이한 가치와 주관적 유용성이라고 한다(John and John, 1988: 1102 - 1118, Terrance, Michael, and David,

---

4) 그러나 성에 관한 모든 것이 부끄러운 것이며 그들에게 책임을 추궁하는 사회에서는 있을 수 있을지 모르나 성이 개방된 사회에서는 믿기 어려운 가설일 수밖에 없다.

5) 일반적으로 피해자학에서 공통적으로 제시하는 주요 특성은 범죄와의 근접성(proximity to crime), 범죄에의 노출(exposure to crime), 표적의 매력성(target attractiveness), 보호능력(guardianship)이라고 할 수 있다. 먼저 범죄와의 근접성과 노출이다.

1991: 1685 - 1685).

성범죄가 피해자에 의해 촉발되어 피해자에게 책임이 있다는 것은 생활양식 - 노출이론(lifestyle - exposure theories)을 통해 살펴볼 수 있다.

범죄피해에 대한 체계적 이론 중 하나인 생활양식 - 노출이론6)의 기본적 가설은 범죄피해의 가능성은 피해자의 개인적 생활양식의 차이에 기인한다는 것이다. 모든 사람은 그 생활환경에 따라 범죄피해의 위험이 높은 상황·지역·시간에 노출되는 정도가 다르기 때문에 범죄피해에 대한 위험부담 또한 다르게 된다. 개인의 다양한 일상적 활동과 생활양식이 그 사람의 범죄피해위험성을 결정하는 중요한 요인이 된다는 것이다(Elizabeth, 2007). 생활양식에 따라 그 사람의 위험성의 노출 정도가 결정되며 생활양식에 따라 유사한 상황에 있는 다른 사람들과의 접촉을 유발시켜서 위험성에의 노출 정도가 달라, 그에 따라 위험성도 달라진다는 것이다. 외부에서 보내는 시간과 하는 일이 많아지면 성범죄자와 접촉할 가능성이 높아진다는 것이다(Leslie & Forde, 1990: 137 - 151).

또한 성범죄가 피해자에 의해 촉발되어 피해자에게 책임이 있다는 것은 일상활동이론을 통해서도 살펴볼 수 있다. 일상활동이론 (routine activity theory)은 Cohen과 Felson에 의해 주장된 이론으로서 위에서 기술한 생활양식 - 노출이론과 유사점이 있다. 일상활동이론과 생활양식 - 노출이론은 관습적 사회에 있어서 일상활동이나 생활양식의 유형이 범죄를 위한 기회구조를 어떻게 제공하는가를

---

6) 처음에 사회계층별 폭력 범죄에 대한 피해위험성의 차이를 밝히기 위해 제안되었다. 그러나 점차로 재산범죄까지도 확대되었고 더 나아가 보다 정교한 표적선택과정(target selection process) 이론의 기초를 제공하게 되었다.

강조한다(Cohen & Felson, 1979: 588 - 608). 이러한 점에서 가해자 중심의 전통적 범죄학에서 범죄의 사회생리나 개인적 범죄피해를 이해하기 위해 강조되던 범죄자의 동기, 그리고 기타 범인성 관점들의 중요성은 이 두 이론에서 아주 가볍게 여겨지고 있다. 이렇게 볼 때 두 이론은 매일 매일의 일상생활 유형에 따라 범죄기회가 달라진다고 보는 확장된 의미의 '범죄기회'이론에 속한다고 할 수 있다(Cohen, 1981: 138 - 164). 그러나 두 이론은 사용하는 용어와 설명하고자 하는 대상을 달리하고 있다. 일상활동이론이 원래 시간의 흐름에 따라 범죄율의 변화를 설명하기 위한 것이었던 반면, 생활양식 - 노출이론은 사회적 계층에 따른 범죄피해 위험성의 차이를 설명하기 위한 것이었기 때문에 이 점이 기본적인 차이라고 할 수 있다(Mierer & Miethe.: 470).

1970년대 초반 펜실베이니아에서 진행된 성범죄에 대한 연구에서 전체 강간 사건 중 19%가 피해자에 의해 성범죄가 발생했다고 하여 피해자 유발 이론(victim precipitation)을 뒷받침하고 있다. 그 이유는 피해 여성이 다른 여성에 비해 성적으로 개방되었거나 평소 행동에 대해 주위의 평이 좋지 않은 여성, 또는 그 여성의 옷차림과 행동 등이 남성들로 하여금 충동성을 유발하게 했다는 것이다. 그러나 이 주장은 인간의 성행위에 대한 모욕이자 인간에 대한 존엄성을 해하는 발상이라는 페미니스트들의 비난을 받게 된다. 더욱이 이러한 강간에 대한 신화(myth of rape)는 강간범이 범행을 합리화하고 범행을 늘리는 요인이 되었을 것이라는 주장도 있다(Ewolt, Monson, & Kanghinrichsen, 2001: 1175 - 1182). 이는 피해자가 강간을 촉발했다는 피해자 비난적 시각은 강간범죄에 대한 기술이라기보다 여성에 대한 잘못된 성역할 고정관념과 문화적 전통에 기초한 남성들의 편협적인 시각이라고 할 수 있다(LeGrand, 1973: 929 – 930).

성범죄가 어떤 상황이건 여성이 성범죄에 대해 피해자임에는 틀림없다. 성범죄는 처음부터 피해자인 여성이 가해자인 남성보다 강하지 않다는 점에서 피해자 촉진과 그로 인한 비난보다는 가해자에 대한 책임과 피해자에 대한 옹호가 더 적절한 인식이라고 할 수 있다(이윤호, 2008: 97).

강간은 다른 범죄의 피해자보다 훨씬 더 많은 비난을 받는 경향이 있다(Gelles, 1979: 121). 강간 피해자는 자신이 입은 옷이나, 문을 잠그지 않은 것, 술을 마신 것, 밤늦게 버스를 기다리는 것, 남의 차를 얻어 타는 행위 때문에 비난을 받는다. 물론 잠재적 피해자가 자신의 피해 위험을 증가시키는 상황을 인식하는 것은 중요하다.

피해자의 옷차림이 노출이 많을수록 피해자 비난으로 이어질 가능성이 높다. 또한 피해자와 가해자의 관계나 그 여성 피해자의 피해자 비난으로 이어질 가능성이 높다(Whatley, 1996: 81 – 95). 이것이 갖는 함의는 일부 여성은 피해를 당할 만하며, 따라서 그들은 엄밀한 의미에서 강간 피해자라고 볼 수 없다는 것이다. 이런 여성은 자신이 누구와 성관계를 맺어야 하는지 결정할 수 있는 권리를 상실한다. ‘여성은 섹시하지만 조신하고, 매력적이어야 하지만 도발적이어서는 안 된다.’라는 말도 안 되는 생각이다(Gordon & Riger, 1989: 53).

한편 왜 피해자가 자신의 피해에 비난을 받아야 하는가? 이에 대한 설명은 Lerner(1965)의 '공정한 세상 가설(just-world hypothesis)'에서 찾을 수 있다. 이 가설은 대부분 사람이 자신이 한 만큼을 받는다고 믿고 싶어 한다는 것을 의미한다(Karmen, 1984). 따라서 우리는 어떤 사람에게 불행이 찾아왔다고 들을 때 그들이 그런 피해를 자초하는 행동을 하지 않았나 하는 점을 묻곤 한다. 이렇게 함으로써 우리는 편안함을 유지하게 된다. 즉 '나에게 이런 일은 일어나지 않을 것이다. 왜냐하면 나는 그런 행동을 안 했으니까', 예를 들어 어떤 사람이 암에 걸렸다고 하면 우리는 먼저 '그가 담배를 피웠나요?'라고 묻는다. 흡연이 암을 유발한다는 것을 알고 있기 때문에 이런 질문은 그럴듯하게 들린다. 일부 가해자들이 자신의 행동이 성폭력이었음을 인정하더라도, 이들 대부분은 자신은 '정상적인' 남자라고 주장하며 전형적인 성폭력범의 정체성을 거부한다. 자신은 지극히 정상적인 보통 남자이지만 일시적으로 실수한 것뿐이라는 것이다. 이들이 자신의 행동을 변명하는 방식은 친구나 선배, 술에 그 책임을 돌리는 것이다. 이러한 변명들의 공통점은 모두 '남성의 성욕은 억제할 수 없이 강하다.'는 암묵적인 통념에 의해 뒷받침되고 있다는 점이다. 우리 사회에서는 성폭력 가해자에게 관용적인 태도를 보이기도 한다. 남자들의 성욕은 억제할 수 없으며, 특히 술을 마셨을 경우 이에 대한 억제력이 약해진다는 사회적인 통념은 훌륭한 변명이 된다(Gildner, 2005: 65).

2. 성폭력 용인도

성폭력 용인도는 성범죄자와 일반인들이 성폭력에 대해 허용할 수 있는 범위를 설정하기 위한 것이다[7]. 이는 개인의 성적 표현이 사회적으로 어느 정도 관용할 수 있는지 규제되어야 할 범위를 예측하게 한다. 즉 성범죄에 대해 얼마나 심각하게 받아들여 어느 정도 허용할 수 있는지에 대한 정도에 관한 것이다(김은경, 2000). 또한 성범죄에 대해 사람들이 지니고 있는 마음의 자세, 양태라고 할 수 있다. 성폭력 용인도는 말과 무관한 것은 아니며, 이와 관련하여 가치관, 성격의 관계 또한 살펴볼 수 있겠다.

태도, 가치관, 성격은 모두 내적인 특성으로서 행동에 대한 어느 정도의 예견력을 지니고 있지만, 그 구별이 모호하게 사용되기도 한다. 그러나 성격이 성장과정에서 획득되는 것이며 유전적인 인자에 의해 영향을 받아 결정되는 것으로서 특정 대상과 무관하게 개인의 성향으로 존재한다는 점에서 구별된다고 볼 수 있다(Gildner, 2005, 56－61). 그러나 가치관과 태도는 그 구분이 모호하다. 이 둘 다 후천적으로 획득되는 공통점을 가지고 있지만, 태도는 대상이 특정의 것으로 규정되어 있어 그 영향력이 태도 대상에 관한 것으로 국한되지만 가치관은 일반적인 준거체계로서 다양한 대상에 대한 판단의 근거를 제공하는 역할을 한다. 가치관은 태도보다 추상적이며, 태도를 포용하는 것으로서 가치관을 알면 그 사람이

---

7) 비록 성범죄자가 성범죄에 대한 태도에 대해 잘못된 것인 줄은 알고 있었지만 그렇게까지 큰 문제가 될 줄은 몰랐다고 하며 혼란스러워하는 경우도 있을 수 있을 것이다. 이러한 혼란스러움은 이들이 공식적인 성교육을 비롯하여 어디에서도 이러한 행동이 잘못되었다는 것을 배운 적이 없기 때문이다.

가지고 있는 특정대상에 대한 태도를 예상할 수 있다.

성범죄 가해자들은 강간이란 낯선 사람에 의해 어두운 밤길에서 발생하는 것이며, 물리적인 폭력이 동반되어야 한다는 통념을 내면화하고 있다. 따라서 가시적인 폭력이 없거나 피해자의 적극적인 저항이 없으면 동의한 것으로 간주한다. 그러나 강간의 목적을 이루기 위해 반드시 신체적인 폭력이 필요한 것은 아니다. 많은 경우 성폭력은 상대방이 저항할 수 없는 상황으로 만들어 계획적으로 이루어진다(Hiatt, 2008: 123). 예를 들어 일부러 술에 취해 의사 표현을 제대로 할 수 없는 상황을 이용한다. 또한 물리적인 폭력을 사용하지 않더라도 피해자에게 어두운 밤이라는 상황은 심리적 공포를 느낄 수 있다(변혜정, 2006: 331). 따라서 이성과의 관계에서 남성 위주의 성역할에 대한 스크립트(scripts)를 가지고 있는 남자는 그렇지 않은 남자보다 성폭력을 행사할 가능성이 높다 (Muehlenhard & Linton, 1987: 124).

우리 주변의 만연된 강간통념은 성폭력행위를 남성의 본능으로 합리화하고, 성범죄의 책임을 피해자 여성에게 전가시키는 기능을 한다.[8] 타인의 신체와 자유를 침해하는 폭력행위를 이런 식으로 관대하게 해석하는 것은 현 사회가 여성에 대한 폭력을 묵인하고 성에 관한 남성과 여성의 불평등한 권리를 지지하기 때문이다. 또한 사회 모든 부분에서 피해자는 주로 여성이며 사회적으로 약자

---

8) 2005년 5월 대구여성의 전화에 따르면 지난 4월부터 약 2개월간 대구지역 12개 중·고등학교 재학생 1천500여 명을 대상으로 성에 대한 통념 등 성의식에 대해 조사한 결과, 58.2%가 '여자들의 야한 옷차림과 행동이 성폭력을 유발한다.'고 답했다. 또 학생 중 38.2%는 '남성의 성충동은 본능적이어서 자제하기 어렵다.'고 말했으며, '여자가 순결을 지키는 것은 당연하다.'는 응답이 64.1%로 남자의 순결 의무를 당연시하는 의견 52%보다 많았다. 한겨레 인터넷 신문(2005. 5. 29).

로서 비치는 상황에 익숙해져 있기 때문으로 보인다. 이러한 사실들은 성을 남성 위주로 간주하고 성폭력에 대한 허용성 등과 같은 현실 사회의 모순적인 것을 보여주는 것이다(Jones & Bryant, 1998: 132 - 134).

성범죄는 폭력·협박을 동반한 성적인 행위를 의미한다. 성폭력에 대한 태도는 상대방의 동의 없이 행하는 행위로서 구성요건은 폭력의 정도에 따라 각 유형별로 구분되어 있다. 우리 형법의 경우 강간이라는 죄명과 관련하여 폭행, 협박에 의해 상대방의 반항을 곤란하게 하고 부녀를 간음하는 것을 의미한다. 또한 강간은 폭행과 협박으로 간음 - 성기 중심적인 성적인 행위를 한 것으로, 상대방이 동의한 것이 아니므로 성적인 자유를 침해한 것이다. 즉 강간당하지 않을 자유란 동의하지 않는 상태에서 강제적으로 성행위를 하지 않을 자유를 의미한다(박옥임·도미향·류도희·박애선·백경숙·성정현·이규미·이영석, 2004).

여기에서 강제라고 하는 것은 상대방의 원하지 않음의 의미를 포함하고 있으며 동의 여부가 기준이 된다. 따라서 강간죄가 성립하기 위해서는 먼저 제1요소로서 폭행과 협박이, 제2요소로서 반항을 곤란하게 할 정도가 되어야 한다.

강간에 대한 통념과 관련하여 성범죄의 경우 폭력이 동반되는 경우와 그렇지 않은 경우로 구분될 수 있다. 일반적으로 상대방이 그렇게 하지 않기를 바라는 행동을 신체적 폭력이나 언어적, 심리적 폭력을 통해 상대방에게 피해를 입히는 것이다. 이러한 행동은 '의도적으로 타인에게 극심한 신체적 상해를 주려는 시도'로서 이는 폭력행동과 일치된다. 성범죄에 있어서 폭력을 포함하는 전체적인 입장에서, 성범죄의 공격을 폭행으로 보아 '상대방을 해치거나 상처를 입히려는 의도를 가진 모든 행동'이라고 하였다(Susan, 1987: 57 – 87). 한편, 위에서 살펴본 성폭력 범죄에서 폭력의 범주와 협박의 범주는 법률적으로 구분론이다. 이 연구는 성범죄자에 대한 심리학적 접근이므로 범죄학적 접근이 필요하다. 따라서 성범죄 발생 가능한 범주의 구체적인 행동을 제시하여 성폭력 용인도를 살펴보았다. 심영희·윤성은·박선미·조정희의 연구(1990)와 최인섭·김성인(1997)의 연구에서 우리 사회의 성폭력이 어느 정도로 확산되어 있는가를 측정하기 위해 8가지 유형으로 사용되었던 각 case를 행위별로 설정하면 언어적 성폭력, 물리적 성폭력, 정신적 성폭력으로 구분할 수 있다9).

첫째는 언어적 성폭력이다. 언어적 성폭력의 대표적인 사례는 성적 희롱이다. 성적 희롱이란 남성이 말이나 몸짓으로 여성들에게 성적인 내용을 담은 희롱을 하는 것으로 직접적인 신체적 접촉은 없었지만 상대방에게 성적인 수치심을 갖게 하는 성폭력이라고 할 수 있다(심영희 외 5인, 1990: 8). 성적 희롱의 대표적인 사례는 욕설이나 비방, 거친 언어로 이성을 공격하는 행위, 상대를 성적으로 모욕하거나 음담패설로 수치심을 자극하는 행위, 원치 않는 사람에게 일부러 포르노나 야한 사진을 보여주는 행위, 원치 않는 사람에게 일방적으로 성적 대화를 요구하는 행위와 관련되는 것이다.

둘째는 물리적 성폭력이다. 물리적 성폭력은 실제 성추행 또는 강간으로 명명할 수 있는 것으로 신체적인 접촉을 통해 성적으로

---

9) 김은경(2000)의 연구에서는 성폭력 허용 검사지에서 성폭력을 3가지 하위영역인 언어적 성폭력, 물리적 성폭력, 정신적 성폭력으로 구분하였다.

가해지는 폭력에 대한 내용이다. 물리적 성폭력의 경우 원치 않는 사람의 가슴 등을 만지거나, 여자에게 몸을 밀착시키는 행위, 원치 않는 사람에게 구타 또는 협박으로 성교를 강요하는 행위, 연인 간에 여자의 'NO'를 무시하고 남자가 강제로 성교하는 행위, 원치 않는 아내에게 남편이 강제적으로 성교하는 행위, 미성년자에게 돈을 주고 성교하는 행위, 일방적으로 좋아하는 사람을 집요하게 뒤쫓아 다니면서 구애하는 행위, 상대가 싫다는데도 일방적으로 전화, 선물 등을 계속해서 보내는 행위, 헤어지기 원하는 상대에게 헤어지면 좋지 않을 것이라고 협박하는 행위로 구분하였다.

셋째로 정신적 성폭력이다. 정신적 성폭력의 대표적으로 예로서 스토킹과 같은 행위들로 정신적인 압력을 통해 성적으로 가해지는 폭력에 대한 것이다. 상대가 싫다는데도 일방적으로 전화·선물 등을 계속해서 보내는 행위, 일방적으로 좋아하는 사람을 집요하게 뒤쫓아 다니면서 구애하는 행위, 헤어지기 원하는 상대에게 헤어지면 좋지 않을 것이라고 협박하는 행위 등은 정신적 성폭력의 구체적인 사례이다.

우리 사회에 통용되고 있는 성폭력에 대한 신념은 폭력행위를 남성의 본능으로서 합리화하고, 성폭력 범죄의 책임을 피해자 여성에게 전가시키는 결과를 가져온다. 성폭력에 대한 강간통념들은 사회적 진공상태에서 생겨난 것이 아니라 그 사회의 성문화나 여성에 대한 지각, 여성의 일반적인 지위, 폭력에 대한 반응양식 등 다양한 사회·문화적 요소들과 관련해서 형성된 것이다(김선영, 1989: 124)[10].

___

10) 김선영(1989)의 연구는 성폭력에 대한 태도와 관련된 선행연구가 거의 없는 실정에서, 한

성폭력 사건의 지각에 영향을 미치는 요인의 연구는 성폭력 예방과 대처를 위한 기초자료 마련을 위해 의미 있는 일이라 할 수 있다(김복태, 2001: 224).

성폭력 용인도는 성폭력 행동에 대한 주요 예측변인으로 활용할 수 있다. 이는 태도-의도-행동 인과모델에 부합되는 것으로(Ajzen & Fishbein, 1977: 221), 성폭력을 예방하기 위해서는 성에 대한 태도에 먼저 초점을 맞출 필요가 있다는 것이다. 성폭력 용인도는 강간통념과 함께 인지적 왜곡을 나타내는 개념으로 성폭력의 예측 요인으로 다루어져 왔다(Allen, 1995: 243). 성폭력 용인도에 대한 측정법은 의미적 변별 또는 범주화를 통하여 대상에 대한 태도를 묻기 때문에 응답자의 임상관리에 대한 염려 없이 편견, 고정관념 그리고 내집단 편향 등을 측정할 수 있게 만들어 준다. 이러한 측정법은 구체적으로 간접적 측정법이라고 한다(Fazio & Olson, 2003). 외국에서는 이 측정법을 사용하여 인종 등에 대한 편견을 측정하는 데 적용하며, 흡연자와 음주자의 양가적 태도를 측정하는 데 사용하고 있다(Swanson, Rudman, & Greenwald, 2001: 114).

정신적 성폭력에 대한 태도의 측정을 암묵적 태도(implicit attitude)라고도 한다. 따라서 성폭력에 대한 간접적 태도 측정법과 암묵적 태도 측정이 가능하다면, 이를 이용하여 성범죄와 관련된 다양한 사회 현상을 목격하게 한 후 그 결과를 분석하여 어떠한 영향을 끼치는지에 대해 새롭게 조명해 볼 수 있는 것이다. 이러한 측정법은 사회심리학 분야에서 널리 사용되고 있다(Fazio & Olson, 2003:

국사회의 실태를 밝혔다는 의미를 가진다. 그러나 그녀의 연구 이후에 10년이 지난 현재도 성폭력에 대한 태도와 관련된 연구가 희박한 실정이다.

299). 성폭력 용인도는 성폭력 행동의 주요 예측변인으로 활용되기도 한다(Yost & Zurbriggen, 2006: 221, Malamuth, Addison, & Koss, 2000: 45). 이는 태도 - 의도 - 행동 인과모델에 부합하는 것으로, 성폭력을 예방하기 위해서는 성에 대한 태도에 먼저 초점을 맞출 필요가 있음을 의미한다(Ajzen & Fishbein, 1977: 221).

3. 성역할 고정관념

성역할(role of gender)[11]이란 개인의 성에 따라 사회적으로 기대되고 주어지는 역할의 특성을 의미하며, 고정관념(stereotype)이란 특정 사안에 대하여 일정한 방향으로 사고하고 판단하는 성상을 말한다(Romani, 2002: 19). 따라서 성역할 고정관념이란 성별에 따른 신체적, 심리적 또는 행위적 특성이 남녀 사이에 존재하는 뚜렷한 차이에 기인하는 것으로 내재화하여 남자와 여자의 역할에 대해 획일적으로 규정하는 인식과 태도를 의미한다(우리 사회문화학회, 2004: 8 - 9).

일반적으로 성역할 고정관념에 대한 논쟁은 페미니즘에서 제기되어 남성과 여성의 사회적 성(gender)으로서의 역할에 대한 관심을 모았다. 따라서 여기에서는 페미니즘적 입장에서 주장하는 성역할 고정관념에 대해 언급하기로 한다. 왜냐하면 이 연구가 여성을

---

11) 남성과 여성의 차이는 섹스(sex)와 젠더(gender) 두 가지로 구분할 수 있다. 섹스의 차이는 신체, 근육, 호르몬, 생식기관 등 생물학적 차이이다. 반면에 젠더(gender)의 차이는 사회로부터 부여받은 사회적 역할과 관련이 있다. 대부분의 남성과 여성의 차이는 사회에 의해 결정되기 때문에 젠더의 차이라고 보아야 한다. 또한 이런 차이는 사회에서 발생한 것이므로 결과론적으로 사회적 입장의 해결책이 제시되어야 한다.

피해자로 하는 성범죄자의 성의식을 파악하는 것이기 때문이다.

그런데 성역할 고정관념은 전통적으로 답습해 온 보수주의와 관련이 있다. 우리 사회에서 성에 대한 보수주의적 견해는 전통적 도덕주의와 관련된 유교에 기반을 두고 있다. 유교에서는 남성과 여성에 대해 생물학적 차이를 본질적인 것으로 보는데, 남성은 성적으로 우월한 존재로, 여성은 성적으로 지배당해야 하는 존재로 위계화한다는 것이다(심영희 외 5인, 1996). 이런 전제는 남성다움은 성적으로 강하다는 것을 발휘하는 것이고, 여성다움은 정절을 지키며 가족과 혈통을 유지하고 자식을 양육한다는 논리를 전개한다. 또한 여성의 성적 권리를 무시하고 여성을 모성에만 국한시키며 정당화한다.

우리 사회는 이런 규범을 당연시하고 정상적인 것으로 오랫동안 인식해 오고 있다. 보수주의 입장은 남성과 여성을 이중적인 성규범에 적용하게 한다. 이러한 경향은 여성을 성경험의 유무에 따라 성적으로 조신한 여성과 문란한 여성으로 이분화하는 통제기제를 통해 오늘날까지 우리의 성문화에 많은 영향을 미치고 있다(변혜정, 2006 1999: 27 - 28). 이 연구에서도 전통적 성역할이 성범죄와 관련이 있음을 근간으로 일반인과 차이가 있음을 전제로 연구를 진행하였다.

성범죄를 페미니즘 관점으로 접근하면 공통적으로 성폭력 자체보다는 이것을 가능하게 하는 남성 중심의 사회적 조건에 주목한다. 가부장적 억압이 이데올로기와 같은 사회문화적 요인에 기반하고 있다는 관점을 취하는 이들은 사회적 성역할과 성(sexuality)의 사회적 구성에 이데올로기가 특히 중요한 기여를 한다고 강조한다. 여성의 정조와 순결을 강조하는 이데올로기, 남성과 여성에게 차별적으로 적용되는 남성우월적인 이중적 성 윤리, 성폭력 피해를 피해자의 부주의나 책임으로 몰아가는 통념 등이 대표적인 것들이다. 피해자인 여성적 입장으로 접근한다. 특히 성폭력을 여성에 대한 남성의 통제를 유지하기 위한 하나의 수단으로 본다(Komorosky, 2003: 2).

페미니즘적 입장에서 전통적인 성역할은 가부장적 사회에서 남성과 여성을 이분법적 구분에서 시작하고, 남성과 여성의 관계는 지배관계라는 것이다. 남성에 의한 여성지배는 여자의 섹슈얼리티와 관련되는 일종의 사회제도와 현상에서 유래하는 것으로 보고 있다(Adamec and Adamec, 1981; Barry, 1979, Brownmiller, 1975, Rigerand Gordon, 1981, Russell, 1984; Sanday, 1981). 여성이 단순히 성적인 소유물로 간주되는 사회에서 성범죄는 더 많이 발생한다는 것이다. 이런 사회에서 남성은 권력이나 힘 등을 강조하고, 위협과 무력 등을 사용하여 성적인 권리를 행사하고자 한다. 이는 강간과 같은 성범죄가 전통적인 성역할 특성(traditional gender-role attitudes)에 기인한 것이라고 보고 있다(Burt, 1980, Check and Malamuth, 1983, Cherry, 1982, Russell, 1975, Weis and Borges, 1977). 따라서 이러한 관점은 공격성, 남성우월주의와 같은 남성성(masculinity) 표현과 연관된 규범들이 남성들로 하여금 여성을 성적인 대상으로 인식하고 행동으로 옮기는 것이다(Mateescu, 2008: 16). 성범죄와 관련하여 여성에 대한 수동성, 의존성의 사회화는 여성을 피해자로 키워 내는 원인과 역할을 담당하고 있다고 할 수 있다(Bondi, 2007: 13-14, Klein, 1984: 3, Joaane, 2009: 11-12). 이에 대해 페미니즘적 접근을 하면 다음과 같다.

첫째, 자유주의적 페미니즘 모델(libertarian feminist model)에 의하면 기존의 관습적, 법적 제한이 여성의 사회진출과 성공을 가로막아 여성은 남성에 대한 종속의 원인으로 본다. 이들은 성, 특히 여성의 성에 대한 억압으로 특징지어지는 것으로 보고 있어 성적인 해방이 자유주의적 페미니즘의 핵심적 요소로 보고 있다(Wills, 1982: 3 - 21).

둘째, 성역할 고정관념에 대해 사회주의적 페미니즘(socialist feminist model)[12]은 전통적인 성역할, 남성우월주의, 여성에 대한 순결 등이 내면화된 결과 성범죄의 원인으로 보고 있다(이윤호, 2008: 199). 사회주의적 페미니즘에서는 여성 차별을 기준으로 가부장제를 낳고 유지하는 주요 기제라고 주장한다(허혜경·박인숙, 2005: 63 - 64). 아래에서는 남성우월주의, 여성에 대한 순결로 구분하여 살펴본다.

남성들은 여성보다 우월하다는 것을 과시하고자 성적인 폭력까지 행사한다는 것이다. 남성다움을 과시하는 경쟁의 대상으로서 여성을 대하는 시각도 성범죄의 숨겨진 문화를 조장하는 것으로 알

---

12) 따라서 사회주의 페미니즘 이론은 자본주의와 가부장제가 어떻게 결합되어 여성 억압을 낳는지를 탐구하게 된다. 여기에서 다양한 모색들이 이루어지고 있지만, 크게 두 가지로 나눌 수 있다. 하나는 이 자본주의와 가부장제를 일단 분리한 후 나중에 결합하는 방식이다. 두 체제는 서로 다른 이해관계에 기초를 둔 별개의 사회관계로 파악되며, 이것을 이중체제론(dualsystems theory)이라고 한다. 대표적인 논자로는 Mitchell, hartman 등을 들 수 있다. 다른 하나는 이중체제론에 대한 비판으로 제기된 입장으로, 가부장제와 자본주의가 별개가 아니라 함께 하나의 체제를 구성한다고 본다. 즉 이 두 가지는 본디 결부되어 있거나 동일한 논리에 기초를 둔다는 것이다. 이 입장을 통합 체제론(unified - systems theory)이라고 하는데, young과 Eisenstein이 대표적인 논자이다(허혜경·박인숙, 2005: 63 - 64). 이 밖에도 소외 개념을 통해서 여성이 현재 겪는 억압이 자본주의적 남성지배 형태에서 비롯된다는 점을 밝히려는 Zagger의 시도 등 다양한 입장이 나오고 있다. 특히 최근에는 가부장제의 단일한 물적 기초를 찾는 시도 자체를 비판하는 사람들도 있다. 이들은 가부장제란 다양한 기초와 구조들을 바탕으로 한 것이라는 다원론적 주장을 편다.

려지고 있다. 경쟁사회에 있어서 남성의 소유물인 한 여성을 소유하기 위한 경쟁에 남성이 가담하지 않을 수 없으며, 이러한 경쟁의식이 남성으로 하여금 여성에 대한 성적 폭력까지도 쉽게 행사할 수 있게 한다는 것이다(Thio, 1983: 144). 공사의 성별분업에 의한 사회적 불평들은 여성들로 하여 위력에 의한 성범죄 피해자가 되기 쉽게 할 뿐만 아니라, 남성들이 여성을 무력화하고 비하된 존재로 파악시켜 자신들의 권력욕과 지배욕의 충족수단으로 사용하게 유도한다(Dinnerstein, 1977). 남성우월주의는 남성들에게 있어 성경험은 남자로서의 존재 방식을 인정받고 확인하는 과정이다. 성담론은 또래 집단 속에서 성경험을 드러내는 것으로 남성적 자아를 인정받는 중요한 계기가 된다(변혜정, 2006: 400).

셋째, 남성우월주의보다 더욱 강한 개념으로 여성을 위한 억압적인 접근도 있다. 혁신[13]적 페미니즘(radical feminism)에 따르면, 남성적 지배가 모든 사회제도에 팽배한데 그 근원은 여성성에 대한 남성의 통제에서 출발하는 것으로 보고 있다. 성을 단순히 남성우월성의 징표로 간주하지 않고 여성 억압의 근본으로 보는 것이다. 이들은 여성을 여성의 재생산 능력이나 성적인 능력이라는 견지에서 성적인 존재로 규정을 한다. 여성의 성은 남성의 욕구를 자극시키는 능력으로 개념화되고 있다(이윤호, 2008: 197 - 198).

이데올로기란 개인적 차원의 편견과 선입견이 특정집단의 공통 이해관계로서 결집 및 확대되어 사회구조적인 원리로 자리 잡은 것이다. 이에 성 이데올로기는 특정 성의 집단적 이해관계가 사회 전체의 이해관계로 확산하여 자리 잡은 사회구조적 원리로서, 기존

---

13) '혁신' 대신에 '급진'이라는 단어를 사용하기도 한다.

의 성생활체계를 강화하고 재생산 및 유지하는 기제로 작용하고 있다(우리 사회문화학회, 2004: 15). 여성은 사랑과 성을 일치시키도록 기대되고 이에 어긋나는 행동을 하면 즉시 정숙하지 못한 여자라는 낙인을 받게 된다(Gildner, 2005: 32). 뿐만 아니라 남성은 성관계에서도 능력을 과시하고 승리하고 성공해야 한다는 압박을 받고 있지만 여성은 정절을 지키고 좋은 평판을 유지해야 하므로 남녀 간에 목적의 합일점을 찾기란 어렵다. Russell(1975)은 이러한 남녀에 대한 이중규범하에서는 강간이 발생하는 것이 오히려 당연한 것으로 보고 있다. 성범죄 가해자들은 남녀의 성적 행동에 대해 이중적인 윤리 기준을 가지고 있다. 여성에 대한 성적 대상화는 성적 행동을 기준으로 여성을 등급화하는 것으로 연결된다(Andersen & Collins, 2007: 85).

여성의 등급화는 여성을 구분하는 기준으로서 성적인 유희 대상인 여성과 결혼 상대인 여성을 구분한다. 이러한 구분은 남성과 여성을 차별적으로 대한다는 것을 알 수 있다. 여성의 성적 적극성은 부정적인 평가를 받는 반면, 남성의 성적 적극성은 정반대의 평가 기준을 갖는다. 연구 대상들에게 남성적 정체성은 상당 부분 성적 명성에 의존한다. 여성의 섹슈얼리티를 규정하는 용어들은 주로 경멸적이고 비하적인 것이라면, 남성의 섹슈얼리티는 그것의 반대급부로 존재한다(변혜정, 2006: 339 - 340).

우리나라의 여성학자들도 성폭력의 원인을 남성중심의 가부장제, 성차별적인 고정관념, 남성은 선천적으로 성욕을 억제하기 어렵다는 편견과 우리 사회의 이중적 성윤리와 성윤리 교육의 부재, 향락, 폭력문화의 범람으로 진단하고 있다(김원홍 외, 2000). 또한 남성과 여성의 성역할이 불평등하고 비대칭적으로 구조화된 사회, 소위 가부장제적 사회문화의 특성이 성폭력 발생의 주요 원인이라고 주장한다. 즉 남성과 여성이 뚜렷하게 서로 다른 역할을 수행하고 있는 사회, 즉 남성은 강인한 체력과 적극적인 성격으로 주로 사회에서 일을 수행하고, 여성은 수동적이고 섬세한 성격으로 가정의 일을 담당하고 있는 사회에서는 상대적으로 성폭력이 빈번히 일어나는 반면, 남성과 여성 간의 역할분리가 엄격하지 않고 가정과 사회에서 일을 공동으로 수행하는 사회에서는 성폭력 발생률이 상대적으로 낮다는 것이다. 성폭력 문제는 분명, 구조화된 성별 불평등 및 이중적 성문화의 특성에서 기인하는 바가 크다. 흔히 이러한 배경적 맥락을 페미니즘에서는 '가부장적인 성문화'로 규정하고, 따라서 성폭력 문제의 해결을 가부장제적 성문화의 변화에서 찾아야 한다고 본다(김은경, 2000: 29 - 30).

이 연구에서는 성역할 고정관념에 대해 페미니즘적 접근을 통해 전통적인 성역할, 남성우월주의, 여성 순결 이데올로기를 중심으로 연구를 진행하였다.

제3절 성범죄자의 성의식 관련 선행연구의 검토

성범죄에 대한 초기적 접근은 성범죄 전과 및 약물 사용 전력, 이성과의 사회적 관계 등과 같은 성범죄의 원인에 대한 연구들이 주류를 이루어 왔다. 최근에는 성범죄의 원인 및 성범죄자들의 인지적 왜곡, 자기합리화 성향 등 성범죄자들의 의식적인 면을 다루고 있다(Laverdiere, 2005: 10).

이 절에서는 이 연구의 주요 목적인 성범죄자의 성의식과 관련된 연구로서 강간통념, 성폭력태도 및 성역할 고정관념에 대한 선행연구를 살피고자 한다.

1. 강간통념과 성역할 고정관념에 관한 연구

전영실 외 5인(2001)은 성폭력 범죄자 중 청소년들을 중심으로 강간통념에 대한 연구를 진행하였다. 성에 대해 왜곡된 인식을 가지고 있는 자들은 일상생활에서도 타인과의 관계, 상황 등에 적절하게 인식을 못 하는 것으로 나타났으며, 강간통념과도 관련이 있음을 제시하였다.

노주희(1997)는 보호관찰을 받고 있는 성범죄자에 대해 강간통념과 성역할에 대해 연구를 진행하였다. 성범죄자는 자신의 범행을 부인하고 '피해자 책임론'을 통해 자신을 합리화하는 경향이 있다고 밝히고 있다. 즉 합리화와 부인의 배경에는 내면화하고 있는 여성관에 문제를 보이고 있는데 여성에 대해 보호받을 정조와 보호받지 못할 정조로 이분화하는 이중윤리의 지배를 받고 있는 것으로 보고 있다. 여성에게 과거 성 전력이 있거나 직업이 서비스직으로 술집에 나가거나 다방에서 근무하는 경우는 모두 보호받지 못할 정조로 분류되고 그렇지 않은 경우라 하더라도 그들의 품행을 문제 삼아 최대한 피해자의 결점을 부각시키려 한다는 것이다.

　이영준(2005)은 강간통념척도를 이용하여 청소년 성범죄 집단, 일반범죄 집단, 그리고 정상통제 집단의 강간통념을 비교 분석하였다. 연구 결과 성범죄 집단이 정상통제 집단이나 일반범죄 집단보다 통계적으로 유의미하게 높은 수준으로 강간통념을 수용하는 것으로 나타났다.

　이석재와 최상진(2001)의 연구에서는 성폭행 경험이 있는 집단이 강간통념의 수용도가 높은 것으로 나타났다. 이 결과는 남성 지배적인 유교문화권에서 남성이 사회화 과정을 통하여 남성 중심의 성적 가치를 내재화하였기 때문에 성역할 측면에서도 그 관련성이 일반인보다 높은 것으로 나타났다. 그리고 강간통념 수용도에 따른 성행동, 성폭력 연구에서도 강간통념은 성행동 및 성폭력과 유의미한 정적 상관을 보였으며, 자신의 성격특성을 성역할 측면에서 볼 때 남성적이라 지각할수록 강간통념을 더 수용하고 성 관련 행동 경험도 많은 것으로 나타났다.

　신기숙(2002)의 연구에서는 청소년 성폭력 가해자들의 사회 심리적 특성을 살펴보기 위해 이들의 강간통념으로 볼 수 있는 성행동에 대한 인식과 태도, 성장배경, 성격특성, 성 정보 습득과정과 성경험 등을 중심으로 알아보았다. 연구를 위해 청소년 성폭력 가해자로 법적 처벌을 받아 소년원에 수감 중인 청소년 7명과 보호관찰을 받고 있는 청소년 5명, 총12명의 대상자를 중심으로 연구를 하였는데, 연구 결과 청소년 성폭력 가해자들은 성폭력을 합리화하고 부인하면서 피해 여성이 유발했다고 여기거나 자신의 행위는 단순한 성적인 관계였다고 정당화하고 변명하는 등의 전형적인 강간통념과 관련된 각본을 가지고 있는 것으로 나타났다. 박정

(2008)의 연구에서는 강간통념과 남성우월주의의 관계를 살펴본 결과 변인 간의 관계가 모두 유의미하였다. 즉 남성우월주의가 높을수록, 강간통념이 높았다.

Burt(1980)는 강간통념을 측정하기 위해 강간, 강간 피해자, 강간범죄자에 대해 사람들이 가지고 있는 그릇된 강간통념의 수용도를 측정하는 척도를 개발하였다. 그녀는 많은 미국 사람들이 강간통념을 가지고 있고, 대인간 폭행을 수용하는 정도와 성역할 고정관념은 강간통념의 예언 변인임을 밝혔다. 또한 성역할이 고정관념화되고 여성에 대한 태도가 보수적인 사람일수록 강간통념을 깊이 수용하고 강간에 대해 더 허용적이라고 하고 있다. 즉 강간통념과 성역할 고정관념의 관계에 있어서 성역할에 대한 고정관념이 강간에 대한 태도와 정적인 상관이 있음을 밝혔다. 이는 이성 간의 사회적 관계에서 남성 주도의 성역할에 대한 각본을 가지고 있는 남자가 그렇지 않은 남자보다 성폭력을 행사할 가능성이 높다는 것을 의미한다.

Feild(1978)는 그의 연구에서 강간통념척도는 대인관계에서 폭력을 수용하는 태도는 성역할 고정관념과 정적인 상관이 있었다. 이러한 결과는 강간통념은 성역할과 그에 대한 고정관념 및 성폭력 용인도인 허용도와 관련이 있음을 보여주는 것이다. 또한 강간통념이 우리 사회에 지배적인 가치로서 자리 잡고 있는 남성 위주의 사고와 연결되어 있다는 점을 보여준다. 또한 성범죄자 중 강간범들은 강간에 대한 통념의 수용도가 가장 높은 집단으로, 이들은 일반인에 대해 강간의 원인을 피해자인 여성에게 책임을 전가하고, 강간범죄에 대하여 허용적인 태도를 갖는 경향이 강하다는 것이다.

연구 결과 성별, 결혼여부 등이 강간에 대한 태도를 예언할 수 있는 중요한 변인임을 밝혔다.

Koss, Leomard, Beezley, & Oros(1981) 연구에서는 강간범뿐만 아니라 일반 남성들도 성적인 강간통념의 수용도가 높을수록 남성우월주의와 관련된 공격성이 높다는 결과를 제시하고 있다.

Carich, Newbauer & Stone(2001)은 강간통념과 관련하여 성범죄자는 성에 대한 왜곡된 인식을 소유하고 있으며, 그 결과 자신의 행위를 정당화하고, 핑계거리를 제공하고 행위 자체를 부정하고 최소화함으로써 성 관련 일탈행위를 지속하는 중요한 요인이 되는 것으로 보고하였다. 따라서 왜곡된 인지 과정은 성범죄자가 일탈적인 범죄 행위를 지속시키는 가장 핵심적인 역할을 수행하게 하는 것으로 보고 있다.

Malamuth(1981)는 성역할 태도와 강간통념과의 관계에 대한 연구에서 강간범의 경우 성폭력 범죄자와 성폭력 범죄의 경력자가 일반 다른 남자들보다 강간통념을 더 수용하고 있다고 제시하였다.

Abel & Cunningham(1984)은 아동성범죄자들이 신념(belief)에 의해 범행을 한다는 것을 강조하기 위해 구체적으로 '인지적 왜곡'이라는 용어를 사용하였다. 인지적 왜곡은 외적 재강화나 내적 자기거부(self-disapproval) 간의 상호 충돌 결과로서, 아동성범죄자들이 자신의 행동을 합법화하고 정당화하도록 만든다는 것이다. 아동성범죄자들은 자신의 행위를 변태적인 이상행동이라고 생각하지 않는다. 그들은 성행위를 하고 싶을 때마다 아동들과 접촉함으로써 그들을 성적 파트너로 생각한다.

한편, Lindsay(2007) 등은 성범죄자의 성적 일탈에 대한 인지왜곡의 정도를 측정하기 위해 성범죄자와 일반범죄자, 전과가 없는 지적 장애자, 일반인 집단으로 나누어 7개 유형(강간 및 성폭력, 데이트 폭력, 관음증, 노출증, 스토킹, 동성애 폭행, 소아기호증)의 성적 일탈행위에 대한 인지왜곡 정도를 측정하였다. 그 결과 전체적으로 성범죄자 집단, 전과 없는 지적 장애자 집단, 일반범죄자 집단, 일반인의 순으로 인지왜곡 정도가 측정되었다. 관음증에 대한 잘못된 신념과 합리화가 사회 전반에 확산되었을 가능성을 추측하게 한다. 집단 간의 차이가 가장 큰 성범죄자 집단과 일반인 집단에서는 소아기호증에 대한 인지왜곡의 정도는 78배 차이가 나는 것으로 제시하고 있다(이미정·조윤오, 2009: 342–343). Alberle(2001)은 강간통념 수용과 성적 공격성이 상관관계가 있다고 하였다.

Scully(1990)는 가해자들이 사회적으로 학습된 행동과 여성에 대한 고정관념을 통해 자신의 행동을 정당화하면서 성폭력을 부인한다고 했다. 여성들의 행동을 비난하고 피해를 받아도 당연한 여성들에 대해 설명하면서 '여자가 유혹했다, 여성의 거부(No)는 승인(Yes)을 의미한다, 여성들은 강간당하는 것을 즐긴다.'는 등의 합리화를 통해 자신의 행동을 '최소화, 합리화, 정당화, 부인'하는 왜곡된 사고를 가지고 있음을 강조했다. '단지 장난이었다, 그렇게 하려고 했던 것은 아니다, 그것은 내 잘못이 아니었다, 그녀가 그것을 원했다.' 등의 변명을 통해 자신의 책임을 회피하는 왜곡된 사고를 사용하고 있었다. 이러한 성폭력 가해자의 특성은 범죄 발생과도 관련될 수 있으며 범죄 발생 이후에도 이들에 대한 교정을 어렵게 만드는 요인이 되고 있다(전영실, 2001: 56).

Marshall(1989)의 연구에서는 성범죄자들을 대상으로 면접을 실시하여 성범죄자들은 강간통념의 수용도가 가장 높은 집단으로, 이들은 일반인에 대해 강간의 원인을 피해자 여성 측에 돌리는 것과 같이 책임을 전가하고 있었으며, 성범죄에 대하여 허용적인 태도를 갖는 경향이 강하다고 하고 있다. Koss, Leomard, Beezley, & Oros(1981)은 강간범뿐만 아니라 일반 남성들도 성적으로 공격적인 남성일수록 강간통념의 수용도가 높다는 연구 결과도 있다. 또한 Bondi(2007)는 전통적 성역할은 강간통념과 관련이 있는 것으로 보고 있다.

전영실 외(2007)의 연구에서 성역할 고정관념의 값이 높을수록 전통적인 성역할 의식을 가지고 있는 것을 의미하는데, 성역할 태도 척도값의 차이는 다른 연구와는 달리 유의미하지 않은 것으로 나타났다. 또한 강간통념의 경우 척도값이 높을수록 강간에 대해 왜곡된 인지를 하고 있는 것을 나타내는데, 범죄 행위별[14])로 척도값의 차이는 통계적으로 유의미하지 않았다. 또한 성폭력 범죄자들의 성의식을 알아보기 위해 성폭력 인지, 강간통념 등의 척도값을 행위 유형별로 분산분석을 실시한 결과 유형별 차이가 발견되지 않았다.

강간통념과 성역할 고정관념에 대한 선행연구를 중심으로 살펴본 결과 대부분의 연구가 청소년 성범죄 집단을 중심으로 하였는데, 이 연구에서는 이석재와 최상진(2001), 전영실 외 5인(2007)의 연구와 다양한 국외 연구 모형을 중심으로 성인 성범죄자와 일반인의 강간통념의 차이를 분석하려 한다. 또한 성역할 고정관념에

---

14) 강간, 강제추행, 강도강간으로 구분하였다.

대해서도 성범죄자와 일반인의 차이를 검증한 후 강간통념과 성역할 고정관념의 하위변수의 차이와 성범죄에 영향을 미치는 정도에 대해서 살펴보고자 한다.

2. 강간통념과 성폭력 용인도에 관한 연구

이윤희(1997)의 연구에 따르면 강간범들은 일반인에 비해 강간의 원인을 오히려 피해 여성에게 돌리고 강간범죄에 대해 허용적인 태도를 가지는 경향이 높음을 보여줌으로써 강간범들이 강간에 대한 통념의 수용도가 가장 높은 집단이며, 성범죄에 대한 태도 또한 높은 것으로 나타났다. 이에 성범죄자들이 내면화하고 있는 강간에 대한 통념들은 강간을 죄의식 없이 저지르게 만들고 쉽게 재범을 시도하게 하는 조건들로 작용하고 있다고 평가하고 있다. 따라서 성폭력에 대한 그릇된 사회적 통념인 강간통념은 성폭력의 허용적인 환경을 조성하게 되며 아울러 강간을 '피해자가 죄책감과 수치심을 느끼는 범죄'로 인식하는 사회적 통념 때문에 성폭력 피해자들의 상처 회복과 원만한 사회적응을 막는 걸림돌로 작용하기도 한다.

앞에서 살펴본 Burt(1980)의 연구에서는 또한 전통적인 성역할 고정관념을 가진 사람일수록 강간통념을 깊이 수용하고 강간에 대해 더욱 허용적이라고 밝히고 있다. 즉 강간통념과 폭력에 대한 허용적인 태도는 관계가 있음을 밝히고 있다. Feild(1978)의 연구에서도 강간통념은 대인관계에서 폭력을 수용하는 태도, 성역할 고정관념과 정적인 상관이 있는 것으로 나타났다. Feild는 성범죄자 중 강간범들은 강간에 대한 통념의 수용도가 가장 높은 집단으로, 이들은 일반인에 대해 강간의 원인을 피해자인 여성에게 책임을 전가하고, 강간범죄에 대하여 허용적인 태도를 갖는 경향이 강하다는 것이다. Burt(1980)와 Feild(1978)의 연구 결과는 강간통념은 성역할과 그에 대한 고정관념 및 성폭력 용인도인 허용도와 관련이 있음을 보여주는 것이다.

강간통념과 성폭력 인식에 대한 선행연구를 중심으로 살펴본 결과 성폭력 용인도의 연구물은 강간통념에 관한 연구물보다 상대적으로 적은 것으로 보인다. 이 연구에서는 이윤희(1997)의 연구와 Burt(1980)와 Feild(1978)의 연구 모형을 중심으로 성폭력 용인도에 대해 성인 성범죄자와 성인 일반인의 차이를 검증하며, 관련 하위 변수의 차이와 성범죄와의 영향에 대해 살펴보고자 한다.

3. 성역할 고정관념과 성폭력 용인도에 관한 연구

강은영(2003)의 연구에서는 성폭력 용인도와 관련하여 형이 확정된 성폭력 범죄자들에 대해 아동 성폭력 범죄의 특성을 종합적으로 설명하고, 아동 성폭력 범죄자의 유형별 특성을 분석하였다. 이 연구에서는 전체 성폭력 범죄자를 피해자의 아동 대상 성폭력 가해자와 청소년 대상 성폭력 가해자, 성인 대상 성폭력 가해자의 세 유형으로 구분하고 각 유형의 성범죄의 특성과 가해자의 의식 특성을 비교 분석하였다. 구체적으로 성폭력 전체 범죄자의 의식을 설명해 주는 가장 중요한 요인은 '여성에 대한 물화된 성이미지'와

‘성에 관한 가치부여’와 ‘성 및 애정관의 혼란’ 그리고 ‘폭력에 대한 태도’를 들고 있다. 이 네 가지 의식 특성은 성폭력 범죄자 전체의 의식 특성을 가장 잘 설명해 주는 부분이며, 성폭력 범죄자들은 어떤 연령의 피해자를 선호하느냐와 관계없이 이 부분에 대해서는 동질적인 생각을 공유하고 있다고 보고 있다. 또한 남성 중심적, 성기 중심적인 성문화가 보편화되어 있는 사회에서 자신의 성적 능력과 매력에 대해 부정적인 이미지를 가지고 있는 남성일수록, 실제 생활에서 성적 좌절을 많이 경험하고 있는 남성일수록 더 심각한 열등감을 느끼게 되고, 이들은 자신의 부정적인 자아상을 감소시키기 위하여 자신보다 약한 여성을 대상으로 폭력적인 성행위를 하게 된다. 이에 비해 성인 대상 성폭력 가해자 의식의 핵심은 ‘남성 중심적·폭력적 성의식’으로 보고 있다. 이는 다른 성범죄자에 비해 ‘폭력에 대한 허용도’가 가장 높다. 또한 성의식 면에서는 여성의 상품화의 정도가 가장 심하여 성역할과 관련된 남성우월주의와 관련이 있으며, ‘강간통념의 수용도’가 가장 높으며, ‘성행위에 대한 집착과 강박’이 가장 심한 것으로 나타났다.

김은경(2000)의 연구에서는 성폭력에 대한 인지도가 높을수록 성역할과 관련된 이중적인 성윤리와 성차별적인 고정관념이 높다고 하고 있다. 김은경의 연구에서는 성폭력 허용 검사지에서 성폭력을 3가지 하위영역으로 분류하였는데, 첫째는 언어적 성폭력으로 성희롱으로 명명할 수 있는 것으로 언어를 통해 성적으로 가해지는 폭력에 대한 내용이고, 둘째는 물리적 성폭력으로 성추행 또는 강간으로 명명할 수 있는 것으로 신체적인 접촉을 통해 성적으로 가해지는 폭력에 대한 내용이며, 셋째로 정신적 성폭력으로 스토킹으로 볼 수 있는 행위들로 정신적인 압력을 통해 성적으로 가해지는 폭력에 대한 내용이다. 또한 김은경(1988)은 강간통념이 인구통계학적 및 문화적인 요인에 의해 영향을 받는다고 보고 있다. 구체적으로 여성보다 남성은 강간통념의 수용도가 통계적으로 유의미하게 높은데, 교육수준이 높을수록 강간통념의 수용도가 낮게 나타났다.

남순열(2000)의 연구에서는 우리 사회문화 속에서 성폭력에 대한 인식을 파악하여 성폭력을 예방할 수 있는 실제적인 방법을 모색하고자 23명을 대상으로 성폭력에 대한 태도 유형을 도출했다. 성범죄자는 성폭력에 대한 통념을 많이 가지고 있는 것으로 보고 있으며, 이는 성폭력에 대한 태도를 결정짓는 관련 요인으로 보고 있다.[15]

한편 김복태(2001)의 연구에서는 이른바 강간신화 수용에 영향을 미치는 중요한 변수가 성역할 태도라고 할 때, 좀 더 다양한 도구를 이용하여 측정된 성역할 태도가 성폭력 사건 지각에 어떠한 영향을 미치는가 하는 문제를 계속해서 연구할 필요성을 제시하고 있다.

Mullin(1996), Weisz(1992)의 연구에서는 성폭력 사건의 지각과 관련하여 강간 시나리오, 영화 장면을 제시하고 성폭력 사건에 대한 태도를 측정하였다. 결과적으로 성폭력 용인도는 성역할 태도와 관련 있는 것으로 보고 있다. 또한 그들의 연구에서는 남자 배심원들의 경우 성범죄의 남성 피고인을 일반 사건의 남성 피고인보

---

15) 논외이지만 외국의 경우 성범죄에 대해 다양한 연구를 통해 성범죄에 영향을 미치는 요인을 밝힘으로써 범죄 예측도구로 활용하고 있다. 그 예인 Hanson, & Morton(2004)의 연구에서는 성폭력 용인도가 성범죄와 관련된 요인으로 보고 SONAR(Sex Offender Need Assessment)의 척도를 제시하였다.

다 유죄화 경향이 높다고 보고 있다.

성폭력 용인도는 성폭력 행동을 예측 가능하게 하는 변인으로 보고 있다. 이는 태도 – 의도 – 행동 인과모델에 부합하는 것으로(Ajzen & Fishbein, 1977: 221), 성폭력을 예방하기 위해서는 성에 대한 태도에 먼저 초점을 맞출 필요가 있음을 의미한다. 성에 대한 태도의 여러 측면 중에서, Burt(1980)가 제안한 강간통념은 강간, 강간범 그리고 강간 피해자에 대한 인지적 왜곡을 나타내는 개념으로 성폭력의 예측 요인으로 계속 다루어져 왔다(Zhang, 2008: 457).

신식(2006) 등은 교정 프로그램과 관련하여 성범죄자 5명을 대상으로 강간통념, 정신병질 등의 성범죄 치료프로그램을 시행하고 효과성을 검토하였다. 치료 프로그램을 기준으로 사전·사후 검사를 하였고, 결과적으로 유의미하지 않았다.

신의진(2005) 등은 보호관찰 중인 청소년 성범죄자 62명을 대상으로 인지 행동 치료 프로그램을 실시한 후, 치료 프로그램 전·후 정신의학적 및 심리적 결과를 비교하였다. 연구 결과 성에 대한 인식도와 강간통념의 각각의 요인들에 대해 모두 유의한 차이가 있는 것으로 나타났다. 강간에 대한 태도 예측과 관련된 연구인 김선영(1989)의 연구에서는 성역할 태도가 중요한 변수이며, 한 개인의 성역할 태도가 전통적이고 보수적인 경우 결혼 만족도와 결혼 적응 수준이 떨어져 있으며, 가족 해체 현상을 초래할 수 있음을 내포하고 있으므로, 이러한 점에서 결혼 전의 보수적인 성역할 고정관념이나 성에 대한 태도는 상대방과 동등한 인격체임을 인식하지 못하고 항상 성적인 문제를 발생시킬 수 있다고 보고 있다.

성역할 고정관념과 관련하여 여성에 대한 냉담한 태도는 남성성이 높은 남성들의 경우 부적절한 성행동을 통해 표출된다고 하였다.

최근 Abrams, Viki, Masser, & Bohner(2003)와 Begany & Milburn, (2002)의 연구에서는 일반인들의 성적 괴롭힘이나 강간에 대한 인식과 지각의 차이를 설명해 주는 가장 강력한 요인 중 하나로 성역할의 차별적 태도를 지적하고 있다. 특히 적대적 성차별은 "평소 음란하고 경솔한 행동 등의 여자가 강간을 당한다."(Abrams, 2003: 112)는 일종의 공정한 세상의 신념이 내포되어 있다.

성역할 고정관념과 성폭력 용인도에 관한 선행연구를 살펴본 바와 같이 관련 연구가 미흡한 것으로 보인다. 이 연구에서는 강은영(2003)과 김은경(2000)의 연구 모형을 중심으로 그 대상을 성인 성범죄자와 일반인으로 확대하여 연구를 진행한다. 성역할 고정관념과 성폭력 용인도에 대해 성인 성범죄자와 일반인의 차이에 대해 검증을 하며 각각의 요인이 성범죄에 어떠한 영향을 미치는지도 살펴보고자 한다.

제3장 조사 연구 설계

제1절 조사 연구 모형의 구성 및 가설 설정

1. 조사 연구 모형의 구성

이 연구는 성범죄자와 일반인의 성의식 차이를 검증하는 데 기본적인 목적을 두고 있다. 성의식은 다양한 방법으로 접근하여 여러 유형으로 구분할 수 있지만, 이 연구에서 성의식이라 함은 강간통념, 성폭력 용인도, 성역할 고정관념으로 한정한다. 강간통념, 성폭력 용인도, 성역할 고정관념에 하위변수에 따라 어떠한 차이가 있는지도 분석을 한다.

강간통념이라 함은 사회에 만연되어 있는 강간에 대한 의식으로서 성범죄자와 일반인이 소유하고 있는 성에 대한 의식 및 인지상태를 의미한다. 최근 우리 사회는 무분별한 서구 사회의 개방적인 성문화 유입으로 인해 성에 대한 가치관 등 혼란스러운 성문화가 만연되어 있다. 특히 남성 중심의 성문화로 인해, 성에 대한 개념 등 여러 사항들이 잘못 알려져 있다. 이러한 사회 저변에 잘못된 개념으로 확대되어 있는 강간통념을 성범죄자와 일반인을 대상으로 차이 검증을 하여 강간통념의 위험 수준을 확인한다. 특히 강간통념은 피해자 촉발적 관점으로 접근하여 성범죄자가 피해자에 대해 얼마만큼 자신을 합리화 내지 정당화하는지 알 수 있을 것이다.

강간통념에 이어서 성폭력 용인도에 대해 파악하고자 조사 연구 모형을 설계하였다. 성폭력 용인도란 성폭력에 대한 허용 인지 정도를 의미한다. 성폭력 용인도를 통해 성범죄자와 일반인의 성폭력에 대한 인식 차이를 검증하여 성범죄자가 성폭력에 대해 얼마나 위험수준에 있는가를 파악한다. 비록 성폭력 용인도에서 제시된 내용이 현행법상 처벌 가능한 경우와 그렇지 않은 경우가 있지만, 실제 피해자가 겪게 되는 정도는 직접적이고 법적인 처벌 규정이 아니어도 피해자에게는 큰 피해이기 때문이다.

다음은 성역할 고정관념이다. 우리는 전통적으로 남성과 여성의 역할에 대해 이분적으로 구성되어 있음을 학습해 왔다. 하지만 남성과 여성에 대한 성적으로 평등한 입장과 최근 여성의 사회 진출 추이를 볼 때에 전통적인 입장을 고수한다는 것은 현시대에 뒤처지는 것이라 하겠다.

이에 독립변수는 강간통념, 성폭력 용인도 및 성역할 고정관념으로 구분하였으며, 종속변수는 성범죄로 구성하였다. 또한 조사대상을 성범죄자 집단과 일반인 집단 두 집단으로 구분하여 두 집단의 차이를 검증하려 하였다. 한편, 이 연구에서 인구사회학적 특성에 대해 파악하기 위하여 선행변수를 설정하였다.[16] 따라서 지금까지의 이론적 배경을 중심으로 <그림 3-1>과 같은 조사 연구 모형이 구성되었다.

---

16) 선행변수는 이 연구의 기본적인 것으로서 성의식에 영향을 주는 연구가 아니기 때문에 실선으로 처리하였다.

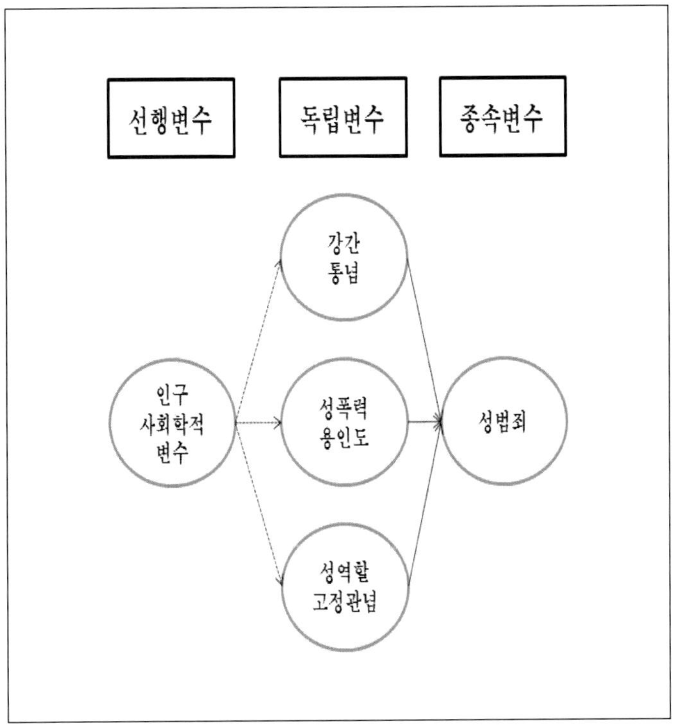

2. 가설 설정 및 변수의 조작적 정의

1) 가설 설정

성범죄의 발생 원인은 다양하다. 하지만 성범죄자의 성의식의 기저는 일반인과 차이가 있을 것이라는 가정하에 가설을 설정한다. 구체적으로 강간통념, 성폭력 용인도, 성역할 태도는 일반인과 차이가 있으며 각각의 관계를 알아보려 한다.

강간통념의 경우 앞에서 살펴본 바와 같이 피해자 촉발 원인으로 인해 성범죄자 자신을 합리화, 정당화할 수 있으나, 성범죄로 나아가는 것은 본인의 판단에 달려 있다. 성폭력 용인도의 경우 해당하는 사례가 성범죄임을 지각할 수도 있을 것이다. 비록 자신의 행위가 범죄임을 인식했음에도 불구하고 성범죄를 발생시킨다는 것이다.[17] 성범죄임을 알면서도 행위를 한다는 것에 대한 연구 자체가 한계로 지적될 수 있으나, 그 정도의 차이에는 성범죄자와 일반인 간의 차이가 있을 수 있다. 또한 성범죄임을 알면서도 행위를 한다는 것은 여러 가지 이유가 있을 것이다. 그런데 이에 대해 우리는 유사한 생각을 할 수 있다. 예를 들어 담배가 유해함에도 불구하고 흡연자는 계속 유지되고 있다는 논거를 제시할 수 있다. 성역할 고정관념의 경우 우리의 가부장제 중심의 교육과 생활환경, 그리고 그에 대한 학습을 통해 우리에게 익숙해 왔다. 성역할 고정관념 때문에, 남성이 여성을 바라보는 시각 내지 의식 때문에 성범죄가 발생할 수도 있다. 이에 성범죄자와 일반인 간의 차이는 존재할 것으로 생각한다.

<그림 3-1>의 연구 모형에 따르면 강간통념, 성폭력 용인도, 성역할 고정관념은 성범죄자와 일반인 간의 차이가 있을 것이라는 이 연구의 목적에 부합하도록 가설을 설정하였다. 또한 강간통념, 성폭력 용인도 및 성역할 고정관념은 성범죄에 영향을 미칠 것이라는 점에서 가설 검증과 분석을 실시하였고, 이를 위해 선행연구의 검토를 통해 가설을 설정하였다.

---

17) 자신의 행위가 범죄임에도 불구하고 실제 실행에 옮기는 이유 내지 영향을 미친 요인에 대해서는 후속과제로 남겨 둔다.

성범죄자와 일반인 간의 강간통념에 차이가 있는가에 대한 선행 연구를 살펴보면, Carich, Newbauer & Stone(2001)의 연구에서 성범죄자는 성범죄에 대해 피해자에게 책임을 전가하여 자신의 행위를 정당화시키는 등 강간통념에 대해 잘못된 인식이 전반적으로 지배하고 있었다.

이러한 강간통념은 성범죄자에게 성범죄를 지속하게 하는 중요한 요인이 된다는 것이다. 또한 Feild(1978)는 성범죄자들은 강간통념의 수용도가 높은 집단으로, 이들은 일반인에 비해 강간의 원인을 피해자인 여성에게 책임을 전가하는 경향이 강하다고 보고 있다.

성범죄자의 성의식에는 책임의 전가 이외에도 강간통념의 기저에는 피해자의 행동에 대한 오해 내지는 피해자의 평소 행동에 대한 음란성을 들어 책임 회피 및 자신의 행동을 정당화 내지는 합리화하는 경향을 보인다. Lindsay(2007)의 연구에서는 성범죄자의 강간통념의 정도를 측정하기 위해 성범죄자와 일반범죄자, 전과가 없는 지적 장애자, 일반인 집단으로 구분하여 성범죄에 대한 강간통념의 정도를 측정하였다. 그 결과 전체적으로 성범죄자 집단, 전과 없는 지적장애자 집단, 일반범죄자 집단, 일반인의 순으로 강간통념의 정도가 측정되었다. Marshall(1989)의 연구에서는 성범죄자들을 대상으로 면접을 실시하여 성범죄자들은 강간통념의 수용도가 가장 높은 집단으로, 이들은 일반인에 대해 강간의 원인을 피해자 여성 측에 돌리는 것과 같이 책임을 전가하고 있다. 심진섭(2001)은 강간통념에 대해 청소년 성범죄 집단과 일반 청소년 집단을 대상으로 연구한 결과, 청소년 성범죄 집단이 강간통념을 더 많이 수용하고 있었으며, 청소년 성범죄자들의 경우는 강간통념은 성범죄에 관련되어 있는 것을 나타내 주었다. 이영준(2005)의 연구에서는 청소년을 대상으로 성범죄자 집단, 일반범죄 집단, 정산 집단으로 구분하여 강간통념의 정도를 연구하였다. 그 결과 성범죄 집단, 일반범죄 집단, 정상 집단 순으로 강간통념의 정도가 높은 것으로 나타났다.[18] 이러한 선행연구들을 중심으로 강간통념의 경우 성범죄자와 일반인 간의 차이에 대해 연구가설 I과 같은 가설을 설정하였다.

연구가설 I

1. 성범죄자와 일반인은 강간통념에 차이가 있다.
   1-1 성범죄자와 일반인은 피해자 책임 전가에 대한 인식에 차이가 있다.
   1-2 성범죄자와 일반인은 여성 행동에 대한 오해에 대한 인식에 차이가 있다.
   1-3 성범죄자와 일반인은 피해자 음란성에 대한 인식에 차이가 있다.

2. 강간통념의 차이는 성범죄에 영향을 미친다.

Marshall(1989)의 연구에서는 성범죄자들을 대상으로 면접을 통해 성범죄에 대하여 허용적인 태도를 갖는 경향이 강하다고 하고 있다. 또한 그의 연구에서는 성범죄자가 강간통념의 정도도 높은데 성범죄에 대해 허용적 태도와 강간통념 상호 영향을 미치는 것으로 짐작할 수 있다. 강은영(2003)의 연구에서는 전체 성범죄를 아동 대상 성폭력 가해자, 청소년 대상 성폭력 가해자, 성인 대상 성폭력 가해자 유형으로 구분하여 각 유형의 성범죄 가해자의 의식 특성과 관련하여 성폭력에 대한 태도 등을 비교 분석하였다. 그

---

18) 국내 선행연구의 경우 대부분이 청소년을 대상으로 하였으며, 성인 성범죄자를 대상으로 한 연구는 찾아보기 힘들다. 이 연구에서는 성인 성범죄자를 대상으로 하였다는 점에서 연구의 가치가 있다고 생각한다.

결과 세 유형에서는 성폭력에 대한 태도의 경우 특별한 차이가 없고 성폭력 용인도 자체가 높음을 나타내고 있다.

김은경(1998)의 연구에서 일반 청소년과 소년분류심사원에 수용 중인 청소년을 대상으로 성폭력 용인도에 대해 비행청소년이 일반 청소년보다 그 정도가 높다고 하였다.[19] 또한 김은경(2000)은 일반인을 대상으로 성폭력 용인도를 조사하였다. 그 결과 성폭력 용인도가 높을수록 여성에 대한 이중적인 성윤리와 성역할에 대한 차별적 고정관념이 높음을 알 수 있었다.[20]

이윤희(1997), Burt(1980)의 연구에 따르면 성범죄자는 일반인에 비해 성폭력에 대해 허용적인 태도를 가지는 경향이 높다고 하였다. 또한 강간통념과 관련하여 강간통념에 대한 인식이 잘못될수록 성폭력 용인도에 영향을 미치는 것으로 보고 있다.[21] 이러한 선행 연구들을 중심으로 성폭력 용인도의 경우 성범죄자와 일반인 간의

---

19) 김은경(1998)의 연구에서 성폭력행위 의도에 가장 결정적인 영향을 미치는 요인은 강간통념이라고 제시하고 있다. 비행 청소년들의 경우 '자아통제력'이 약할수록, 일반 청소년들의 경우 '공격성 허용도'가 높을수록 강간행위가 높다고 보고 있다. 성폭력 용인도는 바로 강간통념 및 남성우월주의적 성관념을 얼마나 수용하고 있느냐에 따라 결정된다고 보고 있다. 강간통념 및 남성우월주의적인 성관념이 강할수록, 성폭력에 대해 별로 심각하게 인지하지 않고, 피해자에 대한 공감력도 약하며, 가해자에 대해서도 우호적인 태도를 취하도록 한다. 따라서 성폭력 용인도는 성범죄 및 비행 가담을 유리하게 만드는 데 심리적인 영향을 미친다고 볼 수 있다(김은경, 1998: 165-167). 한편 김은경(1998)의 연구 대상은 성범죄 비행 청소년이 아닌 일반적 비행청소년에 대해 조사를 진행하였다.

20) 김은경(2000)의 연구에서는 일반인을 대상으로 성폭력 용인도에 대해 연구를 진행하였다. 이에 이 연구에서는 성범죄자를 대상으로 성폭력 용인도에 대해 알아보았다. 성폭력 용인도는 강간통념과 성역할 고정관념과 함께 향후 성범죄자의 개선의 여지를 파악할 수 있는 도구로 활용될 수 있을 것이다.

21) 성폭력 용인도와 강간통념과의 관계는 강간의 원인을 오히려 피해 여성에게 돌리고 강간범죄에 대해 허용적인 태도를 가지는 경향이 높음을 보여줌으로써 강간범들이 강간에 대한 통념의 수용도가 가장 높은 집단이며, 성범죄에 대한 태도 또한 높은 것으로 나타났다. 이에 성범죄자들이 내면화하고 있는 강간에 대한 통념들은 강간을 죄의식 없이 저지르게 만들고 쉽게 성범죄를 시도하게 하는 조건들로 작용하고 있다고 볼 수 있다.

차이에 대해 연구가설 Ⅱ와 같은 가설을 설정하였다.

연구가설 Ⅱ

1. 성범죄자와 일반인은 성폭력 용인도에 차이가 있다.
   1-1 성범죄자와 일반인은 언어적 성폭력에 대한 인식에 차이가 있다.
   1-2 성범죄자와 일반인은 물리적 성폭력에 대한 인식에 차이가 있다.
   1-3 성범죄자와 일반인은 정신적 성폭력에 대한 인식에 차이가 있다.

2. 성폭력 용인도의 차이는 성범죄에 영향을 미친다.

노주희(1997)는 보호관찰을 받고 있는 성범죄자들의 성역할 고정관념에 대해 이중적인 성윤리를 가지고 있다고 보고 있다. 이중적인 성윤리는 여성을 보호받을 대상과 그렇지 않은 대상으로 구분하여 음란성이 있거나 직업이 술집, 다방과 관련이 있는 사람을 보호받지 못할 정조로 인식하고 있다는 것이다.[22]

이석재와 최상진(2001)의 연구에서는 성범죄자는 유교 문화권에서 성장한 남성들은 남성우월적인 사회화 과정을 통하여 남성 중심의 성적 가치를 내재화하였기 때문에 성역할 측면에서도 성역할 고정관념이 일반인보다 높은 것으로 나타났다. Field(1978)는 우리 사회가 남성 위주로 운영되고 있어 성역할 고정관념이 성범죄에 영향을 미치는 것으로 보고 있다. Koss, Leomard, Beezley, & Oros(1981) 연구에서는 강간범의 경우 남성우월주의를 공격성으로 파악하여 일반인보다 그 결과가 높다고 보고 있다.

Glick & Fiske(2001)은 일반인들의 성폭력 피해자에 대한 비난현

---

22) 이중적인 성윤리를 통해 보호받지 못할 정조의 여성성에 대해 성범죄를 행사한 가해자는 가해자 자신을 합리화하고 피해자의 결점을 부각시키고 있다.

상의 근간에는 여성에 대한 차별적 성태도와 강간에 대한 남성들의 잘못된 인식이 존재할 가능성이 크다고 보고 있다. 한편, 전영실 외(2007)의 연구에서 성역할 고정관념에 대해 척도값이 높을수록 전통적인 성역할로서 남성의 가부장적인 의식을 가지고 있는 것을 의미하는데, 성역할 고정관념의 값 차이는 다른 연구와는 달리 유의미하지 않은 것으로 나타났다.

Linsey, Carlozzi, & Eells(2001)는 성역할 고정관념과 관련하여 남성우월주의가 높은 남성들의 경우 여성에 대해 냉담한 태도를 보이며 그 결과 부적절한 성행동을 통해 표출된다고 하였다.

성역할 고정관념은 성폭력 용인도와 마찬가지로 상대방에 대해 동등한 인격체임을 인식하지 못하여 성적인 문제가 발생 가능하다고 볼 수 있다. 이러한 선행연구들을 중심으로 성폭력 용인도의 경우 성범죄자와 일반인 간의 차이에 대해 연구가설 Ⅲ을 설정하였다.

연구가설 Ⅲ

1. 성범죄자와 일반인은 성역할 고정관념에 차이가 있다.
   1-1 성범죄자와 일반인은 여성 순결 이데올로기에 대한 인식에 차이가 있다.
   1-2 성범죄자와 일반인은 남성우월주의에 대한 인식에 차이가 있다.
   1-3 성범죄자와 일반인은 전통적 성역할에 대한 인식에 차이가 있다.

2. 성역할 고정관념의 차이는 성범죄에 영향을 미친다.

연구가설 Ⅰ, Ⅱ, Ⅲ을 통하여 검증된 강간통념, 성폭력 용인도, 성역할 고정관념을 중심으로 각각 어떤 변인이 성범죄에 달리 영향을 미칠 것인가를 알아보기 위해 연구가설 Ⅳ를 설정하였다. 성

범죄자에게 3개의 변인 중 무엇이 가장 많은 영향을 미칠 것이라는 자체가 중요하기보다는 향후 3개의 변인에 대한 정책 수립 등 관련 정책에 도움이 될 것이다.

연구가설 Ⅳ

강간통념, 성폭력 용인도, 성역할 고정관념은 각각 성범죄에 달리 영향을 미칠 것이다.

2) 변수의 조작적 정의

이 연구에서 독립변수는 성범죄자의 성의식이다. 성의식은 강간통념, 성폭력 용인도, 성역할 고정관념으로 구분하여 연구를 진행한다. 성의식에 대한 구체적인 정의는 다음과 같다.

첫째, 강간통념의 경우 강간통념은 피조사대상자에게 있어 강간에 대해 인지하고 있는 정도를 의미한다. 강간통념의 변수는 다시 3개의 하위요인인 책임의 전가, 피해자 행동에 대한 오해, 피해자 음란성으로 설정한다.

둘째, 성폭력 용인도의 경우 성폭력성은 성폭력에 대한 허용 인지 정도를 성폭력 태도로 명명한다. 이는 언어적 성폭력, 물리적 성폭력, 정신적 성폭력으로 설정한다.

셋째, 성역할 고정관념의 경우 여성의 순결 이데올로기, 남성우월주의, 전통적 성역할로 설정한다.

이 연구에서 종속변수는 성범죄자와 성범죄이다. 성범죄자의 경우 강간통념과 성폭력 용인도, 성역할 고정관념이 성범죄자와 일반인 간의 차이를 검증하기 위한 것이다. 또한 각각의 차이 검증을 통해 도출된 결과와 함께 주요 변수의 회귀분석을 통해 영향을 미치는 결과에 대해 알아보고자 한다.

3. 조사 도구 및 측정 지표

1) 조사 도구

이 연구에 사용된 조사 도구는 <표 3-1>과 같이 크게 세 부분으로 구성되어 있다. 첫째는 강간통념에 대한 도구이며, 둘째는 성폭력 용인도에 대한 도구이며, 셋째는 성역할 고정관념에 대한 도구이며, 넷째는 조사대상자들의 인구사회학적 특성자료 측정 도구이다.

'강간통념'을 알아보기 위해 Burt(1980)가 개발한 강간통념 척도에 이석재(1999)가 수정 보완한 척도를 사용하였으며, 이는 전체 20문항으로 구성되어 있다.

각 문항은 강간에 대한 통념을 진술하는 내용으로 되어 있으며, '매우 그렇지 않다'부터 '매우 그렇다'까지 Likert형 5점 척도로 구성되어 있다.

강간통념은 선행연구인 이석재(1999)의 분류에서 총 20문항 중 2개 문항이 이론 구조에 맞지 않게 적재되어 제거한 후 최종적으로 18개 문항을 분석에 이용하였다. 또한 하위변수에 대한 해석이 타당하여 이 연구에서는 동일한 명명을 사용하였다. 이석재(1999)의 연구에서 강간통념 도구의 신뢰도는 .87이었다.

　‘성폭력 용인도’를 알아보기 위하여 일상생활에서 발생할 수 있는 성과 관련된 범죄 및 일탈행위 12가지 사례를 구성하여 연구한 김은경(2000)의 도구를 사용하였다. 도구에서는 언어적 성폭력, 물리적 성폭력, 정신적 성폭력으로 분류되며 신뢰도는 .93이다. 성폭력성의 응답범주는 ‘매우 심각한 성폭력’, ‘일반적 성폭력’, ‘사소한 성폭력’, ‘성폭력 아님’으로 4점 척도로 구성하였다. 성폭력 용인도와 관련한 12가지 사례에 대한 응답결과 ‘언어적 성폭력’, ‘물리적 성폭력’, ‘정신적 성폭력’으로 구분되며 이는 김은경(2000)의 연구와 동일하게 명명하였다.

　‘성역할 고정관념’을 묻는 문항의 경우 일반적으로 Bem(1973)이 개발한 척도를 많이 이용한다. 그러나 그의 도구는 남성과 여성의 일반적인 성과 관련된 분업적 의미가 있어 이 연구의 주요 목적인 성범죄에 적용하는 데 부적합한 면이 있다. 따라서 이 연구에서는 Spence(1973)의 연구에서 제시된 20문항의 도구를 기본적으로 사용하였다. Spence(1973)의 연구에 사용된 도구의 신뢰도는 alpha =.908이었다. 또한 김은경(2000)의 연구와 김선영(1989), 신성자(1997), 김은주(1997), 장윤경(2002)의 연구에서 사용된 척도를 추가 문항으로 구성하였고, 성역할 태도와 관련하여 각 도구에서 중복되고 유사한 내용을 삭제한 뒤, 우리나라의 현 실정에 적합하지 않은 문항이 있는 관계로 예비 조사를 통해 문제가 있는 문항은 삭제하였다. 또한 탐색적 요인분석을 거친 후 문항 간의 상관, 개별 문항과 전체 문항 총점 간의 상관 및 척도의 내적 일치도를 높이는 문항들을 최종 선별하여 총 13문항을 사용하였다. 성역할 고정관념의 척도는 전혀 그렇지 않다(1), 매우 그렇다(4)의 4점 척도로 측정하였다.

<표 3-1> 설문의 구성

설문내용		문항번호	문항 수
강간통념	피해자 책임 전가	4-11	8
	여성 행동에 대한 오해	12-15, 17-18	6
	피해자 음란성	1-3, 16	4
성역할 고정관념	여성 순결 이데올로기	9, 13, 7, 10	4
	남성우월주의	3, 12, 6, 4, 8	5
	전통적 성역할	2, 1, 11, 5	4
성폭력 용인도	언어적 성폭력	1-4	4
	물리적 성폭력	5-9	5
	정신적 성폭력	10-12	3
인구사회학적 특성			10
계			53

2) 측정 지표

(1) 인구사회학적 특성

인구사회학적 특성을 측정하기 위하여 성범죄자와 일반인에 대해 연령, 결혼 여부를 조사하였다. 연령의 경우 20대, 30대, 40대, 50대로 구분하였으며, 결혼 여부는 미혼, 결혼, 동거, 이혼(별거), 사별로 구분하였다.

학력의 경우 초등학교 졸업, 중학교 졸업, 고등학교 졸업, 대학교 졸업, 대학원 이상으로 구분하였다. 청소년기 실제 생활관계에 대하여 부모님, 아버지, 어머니, 계부, 계모, 친척집, 보육시설 등으로 구분하여 알아보았다. 개인 소득은 없음, 100만 원 미만, 100~

200만 원, 201~300만 원, 301~400만 원, 401~500만 원, 501만 원 이상으로 구분하였다. 또한 음주량과 흡연량을 조사하였으며, 직업에 대하여 사무직, 판매 서비스직, 농어업직, 생산직, 행정관리직, 전문기술직, 미취업으로 구분하여 조사하였다.

(2) 강간통념의 측정 지표

강간통념이란 강간을 미화하는 관념으로서 성범죄를 정당화하고 합리화하는 심리적 기제를 말한다(허경미, 2005: 117－118). 성범죄와 관련된 개념에 대해 잘못 알고 있는 인식으로, 여성을 피해 대상자로 하는 강간에 영향을 주는 다양한 요인 중의 하나이다. 이 연구에서는 강간통념의 하위변수로 피해자 책임 전가, 피해자 행동에 대한 오해, 피해자 음란성으로 하위변수가 구성된다.[23]

① 피해자 책임 전가

강간통념과 관련된 하위 요소 중의 하나는 피해자에게 책임을 전가하는 것이다. 피해자에게 책임을 전가하는 것은 성범죄와 관련된 구성요건에 대해 성범죄의 책임을 피해 여성의 행위로 인해 발생했다는 것으로 피해자에게 책임을 전가시키는 기능을 한다는 것이다 (이석재, 1999: 116). 즉 여성의 섹슈얼리티(sexuality)나 행동 등에 대해 자신을 합리화하고자 책임을 전가시키는 것이다(Frasier, 2005: 28). 또한 피해자 책임 전가는 피해자에 대한 비난과도 연결된다. 사회에서 통용되는 규범을 따르지 않은 여성이 강간 피해를 당한

---

23) 강간통념의 하위변수인 피해자 책임 전가, 피해자 행동에 대한 오해, 피해자 음란성의 내용이 완전히 독립되어 서로 관련이 없는 내용으로 구성되는 것은 아니다. 각각의 하위변수는 강간통념 내부에 존재하는 의식으로서 서로 관련이 있고, 내용도 유사한 경우가 있다.

경우 여성이 적어도 어느 정도의 책임을 져야 한다고 생각하는 경향을 보인다. 그래서 술을 마시거나, 술에 취한 경우 피해를 자초했다고 생각을 한다(Bromley and Territo, 1990: 54). 강간통념의 하위변수인 피해자 책임 전가의 측정 지표는 <표 3-2>와 같다.

〈표 3-2〉 강간통념 하위변수 책임 전가

구성요소	설문 내용	척도
피해자 책임 전가	여자가 키스·애무를 허용하는 것은 성관계를 허락한다는 뜻이다.	5점 척도
	여자가 처음 만난 남자의 집을 찾아가는 것은 그와의 성관계를 허용한다는 뜻이다.	
	여자보다 남자는 성충동이 일어나면 이를 통제할 수 없기 때문에 해소하여야 한다.	
	만일 여자가 목을 껴안고 애무하다 사태를 걷잡을 수 없게 되어 남자가 성폭행을 했다면, 잘못은 여자에게 있다.	
	여자가 모임에서 술에 취해 처음 만난 남자와 성관계를 가졌다면, 농락당하기 쉬운 상대이다.	
	여자를 식사 등으로 지극히 대하면 대개 섹스를 허용한다.	
	여자가 알지 못하는 사람의 차를 얻어 타려다 강간을 당했다면, 그녀는 당할 만하다.	
	여자가 친근감이 있게 대하는 것은 성관계를 허용한다는 것이다.	

② 여성 행동에 대한 오해

강간통념과 관련된 하위 요소 중의 하나는 여성 행동에 대한 오해이다. 여성 자신들의 입장에서는 당연한 행동임에도 불구하고 남성들은 그런 행동들에 대해 오해를 한다는 것이다. 짧은 옷을 입는 행위, 성폭행을 당하기 위해 상황을 만드는 행위 등을 예로 들 수 있다. 따라서 강간통념의 하위변수의 하나인 여성 행동에 대한 오해에 대한 측정 지표는 <표 3-3>과 같다.

<표 3-3> 강간통념 하위변수인 여성 행동에 대한 오해

구성요소	설문 내용	척도
여성 행동에 대한 오해	끼 있는 여자는 늦은 밤에 혼자 길을 걷는다.	5점 척도
	남자가 성관계를 요구할 때, 여자가 '안 돼'라고 응답하는 것은 허락한다는 뜻이다.	
	여자가 노브라, 짧은 치마를 입는 것은 강간을 자초하는 것이다.	
	많은 여자는 강간을 당하고 싶어 하고 상황을 조성한다.	
	어떤 여자들은 성폭행당하는 것을 즐긴다.	
	대부분의 강간 사례는 임신된 사실을 알았거나 자신의 명예를 지키고자 하는 여성이 날조한 것이다.	

③ 피해자 음란성

강간통념과 관련된 하위 요소 중의 하나는 피해자 음란성이다. 피해자 음란성은 성범죄자의 오해 또는 왜곡된 인식 등으로 인해 발생할 수 있다. 또한 잘못된 인식을 중심으로 자신을 합리화하는 경향도 있다. 강간통념과 관련된 하위 요소 중의 하나인 피해자 음란성에 대한 측정 지표는 <표 3-4>와 같다.

<표 3-4> 강간통념 하위변수 피해자 음란성

구성요소	설문 내용	척도
피해자의 음란성	강간 피해자는 평소 성관계가 난잡하고 평판도 좋지 않다.	5점 척도
	강간을 보고하는 여자는 전에 많은 성관계를 가졌다.	
	성욕이 왕성한 여자들이 대개 강간을 당한다.	
	강간을 보고하는 많은 여성은 상대에 대한 분노와 보복하려는 동기로 거짓말을 한다.	

(3) 성폭력 용인도의 측정 지표

성폭력 용인도란 개인의 성폭력에 대한 성향으로서 성폭력에 대해 용인할 수 있는 정도를 의미한다. 성폭력 용인도의 하위변수는 언어적 성폭력, 물리적 성폭력, 정신적 성폭력으로 구분된다.

① 언어적 성폭력

성폭력 용인도의 하위변수의 하나인 언어적 성폭력은 음담패설, 성적 대화로 상대방의 성적인 수치심이 발생할 수 있는 경우를 의미한다. 언어적 성폭력의 측정 지표는 <표 3-5>와 같다.

<표 3-5> 성폭력 용인도 하위변수인 언어적 성폭력

구성요소	설문 내용	척도
언어적 성폭력	원치 않는 사람에게 일부러 포르노나 야한 사진을 보여주는 행위	4점 척도
	상대를 성적으로 모욕하거나 음담패설로 수치심을 자극하는 행위	
	원치 않는 사람에게 일방적으로 성적 대화를 요구하는 행위	
	욕설이나 비방, 거친 언어로 이성을 공격하는 행위	

② 물리적 성폭력

성폭력 용인도의 하위변수의 하나인 물리적 성폭력은 실제 간음 행위 내지 추행을 하는 행위를 의미한다. 물리적 성폭력의 측정 지표는 <표 3-6>과 같다.

<표 3-6> 성폭력 용인도 하위변수인 물리적 성폭력

구성요소	설문 내용	척도
물리적 성폭력	연인 간에 여자의 'NO'를 무시하고 남자가 강제로 성교하는 행위	4점 척도
	원치 않는 사람에게 구타 또는 협박으로 성교를 강요하는 행위	
	미성년자에게 돈을 주고 성교하는 행위	
	원치 않는 아내에게 남편이 강제적으로 성교하는 행위	
	원치 않는 사람의 가슴 등을 만지거나, 여자에게 몸을 밀착시키는 행위	

③ 정신적 성폭력

성폭력 용인도의 하위변수의 하나인 정신적 성폭력은 스토커와 같이 뒤쫓아 다니며 구애하는 등 언어적 성폭력과 물리적 성폭력과 다른 성폭력 용인도를 의미한다. 정신적 성폭력의 측정 지표는 <표 3-7>과 같다.

<표 3-7> 성폭력 용인도 하위변수인 정신적 성폭력

구성요소	설문 내용	척도
정신적 성폭력	상대가 싫다는데도 일방적으로 전화하고, 선물 등을 계속해서 보내는 행위	4점 척도
	일방적으로 좋아하는 사람을 집요하게 뒤쫓아 다니면서 구애하는 행위	
	헤어지기 원하는 상대에게 헤어지면 좋지 않을 것이라고 협박하는 행위	

(4) 성역할 고정관념의 측정 지표

성역할 고정관념이란 성(gender)의 차이에 따라 역할과 각각의 특성에 대해 갖는 일반적인 믿음을 의미한다. 단순히 남성과 여성의 분업적인 역할보다는 성과 관련된 행위로서 이 연구에서는 여성 순결 이데올로기, 남성우월주의, 전통적 성역할로 하위변수를 구성한다.

① 여성 순결 이데올로기

성역할 고정관념의 하위변수인 여성 순결 이데올로기는 여성은 성에 대해 소극적이어야 하며, 결혼할 때까지 순결을 지켜야 한다는 내용이다.[24] 여성의 순결 이데올로기에 대한 측정 지표는 <표 3-8>과 같다.

〈표 3-8〉 성역할 고정관념 하위변수인 여성 순결 이데올로기

구성요소	설문 내용	척도
여성 순결 이데올로기	성행위에 적극적인 여성은 아무래도 여성답지 못하다.	4점 척도
	성을 밝히는 여성은 절대로 '현모양처'가 될 수 없다.	
	여성은 성적 욕구가 있더라도 억제해야 한다.	
	여성은 결혼할 때까지 순결을 지켜야 한다.	

② 남성우월주의

성역할 고정관념의 하위변수인 남성우월주의는 남성성에 대해 강하고 여성보다는 우월하다는 내용의 설문이다. 남성우월주의에 대한 측정 지표는 <표 3-9>와 같다.

---

24) 여성의 순결 이데올로기는 성윤리에 대해 이중적인 기준을 삼는 남성들의 편협적인 생각과 관련이 있을 것이다.

<표 3-9> 성역할 고정관념 하위변수인 남성우월주의

구성요소	설문 내용	척도
남성 우월주의	'남자의 성욕은 참을 수 없다.'는 말은 일리가 있다.	4점 척도
	여성의 가치는 성적으로 얼마나 섹시한가에 달려 있다.	
	남성은 성적으로 강해야 하고 성관계를 주도해야 한다.	
	일반적으로 남성이 여성보다 우월하다.	
	성에 대한 관심과 경험이 많을수록 남자답다.	

③ 전통적 성역할

성역할 고정관념의 하위변수인 전통적 성역할은 우리 사회의 오래된 유교문화 중 하나인 가부장적 사회에 그 기권을 들 수 있다. 우리 사회는 전통적으로 남성과 여성의 역할이 구분되어 왔으나, 최근 여성의 사회 참여의 활발 등 사회적·문화적 진출이 확대되어 예전의 상황과는 많이 달라졌다고 할 수 있다. 이 측정 지표는 <표 3-10>과 같다.

<표 3-10> 성역할 고정관념 하위변수인 전통적 성역할

구성요소	설문 내용	척도
전통적 성역할	가족의 생계부양 책임은 일차적으로 남자에게 있다.	4점 척도
	남자에게는 사회적 성공이 무엇보다 중요하다.	
	여성의 외도는 용납할 수 없다.	
	여성에게 순종과 헌신은 미덕이다.	

제2절 자료의 수집과 분석 방법

1. 자료 수집과 표본 추출 방법

이 연구의 목적을 효율적으로 달성하기 위해 2009년 1월 모집단을 선정하여 총 50명을 대상으로 2009년 1월 19일부터 1월 23일까지 5일간에 걸쳐 예비조사를 실시하는 방식인 표본추출방법을 이용하였다.[25] 예비조사를 바탕으로 최종적인 설문측정 도구가 구성되어 2009년 2월 1일부터 2월 28일까지 1달 동안에 걸쳐 실제 설문조사를 실시하였다. 설문조사는 전국의 보호관찰소에서 성범죄로 인해 관리되고 있는 대상자를 법무부 보호관찰국의 협조를 얻어 진행되었다. 설문지는 총 400부가 작성되어 배포되었으나 조사대상자의 부적절하거나, 불성실하거나, 무응답이 많은 125부를 제외한 총 285부를 설문 자료로서 활용하였다. 한편 이 연구에서 성범죄자와 비교 대상으로서 일반인들의 설문을 측정하였는데, 총 600부를 작성 및 배포한 결과 성범죄자와 같이 부적절한 설문 90부를 제외한 총 510부를 자료로서 활용하였다.

이 연구에서 조사대상을 성범죄자 집단과 일반인 집단 두 집단으로 선정한 이유는 이 연구가 비교 연구의 성격을 갖고 있기 때

---

25) 비록 전국의 보호 관찰소를 중심으로 일정한 인원을 대상으로 하여야 하나 대표적인 보호관찰소 내지는 전국의 조사대상자를 한 장소에서 모집한다는 것이 불가능하므로 서울보호관찰소를 중심으로 예비조사를 실시한 후 전국의 보호관찰소를 대상으로 설문조사를 하였다.

문이다. 또한 조사대상자는 남자로 한정하는데,[26] 이 연구는 성범죄 가해자 중심으로 조사하기 때문이다.

2. 분석 방법

이 연구를 진행하는 데 있어 자료의 처리는 다음과 같은 과정을 거쳤다. 회수된 설문지 중 성범죄자의 경우 400부 중 부적절하거나, 불성실하거나, 무응답이 많은 125부를 제외한 총 285부를 통계처리 했다. 이 연구에서 성범죄자와 비교 대상으로서 일반인의 경우 총 600부 중 성범죄자와 같이 부적절한 설문 90부를 제외한 총 510부를 통계처리 하였다. 여기서 사용된 구체적인 실증 분석 방법은 다음과 같다.

첫째, 강간통념, 성폭력 용인도, 성역할 고정관념에 대한 신뢰성과 타당성을 검증하기 위하여 분석에 사용된 통계기법은 주요 변인의 신뢰성과 타당성을 검증하기 위해 크론바흐 알파(cronbach's alpha) 계수와 요인분석(factor analysis)을 실시하였다.

둘째, 조사대상자의 인구사회학적 특성과 대상 집단 간의 설문 조사 항목을 변수화하여 SPSS Window 15.0 통계패키지를 이용하여 통계분석을 실시하였다. 표본의 일반적 특성은 빈도분석을 하였

---

26) 조사대상자를 남자로 한정한 것은 연구의 한계가 될 수 있다. 그러나 여자의 경우 남자보다 성범죄 현황이 상대적으로 적기 때문일 수도 있으나, 이 연구에서는 성의식으로서 강간통념, 성폭력 용인도 및 성역할 고정관념이기 때문에 여성보다는 조사 및 연구 대상으로 남자가 더욱 적합하기 때문이다. 또한 여성의 경우 특별법상의 성매수 등을 제외한다면 성범죄의 간접정범 형태로 성범죄가 가능할 수 있으나, 일반적으로 여성은 성범죄의 주체가 될 수 있는 경우는 거의 드물다고 할 수 있다.

다. 또한 연구자가 설정한 가설의 검증을 위해 t-test, 분산분석 (anova), 회귀분석(regression analysis) 등을 사용하였다. 특히 이 연구는 성범죄자와 일반인 간의 차이를 검증하는 것이므로 각종 자료에서 수집한 변인들에 대해 성범죄자와 일반인 간의 독립표본 T검정(independent sample t-test)을 통해 분석하였다. 통계의 유의성은 p-value .05 이하를 기준으로 하였다.

제4장 조사 결과의 분석 및 가설의 검증

제1절 조사 결과의 분석

1. 조사대상자의 인구사회학적 특성

이 연구에 참여한 연구대상자의 배경 분포를 살펴보면 다음과 같다.

<표 4-1>과 같이 조사대상자의 인구사회학적 특성을 보면, 우선 나이대별로 성범죄자의 경우 30대가 89명(31%)으로 가장 많았고 그 다음으로는 20대 68명(24%), 10대 52명(18%), 40대 41명(15%), 50대 31명(11%)의 순이었다. 일반인의 경우 20대가 240명(47%)으로 가장 많았고 그 다음으로 30대 112명(22%), 40대 80명(15%), 50대 38명(7%), 10대 32명(6%)의 순이었다.

혼인여부의 경우 성범죄자는 미혼이 174명(61%)으로 가장 많았고 그 다음으로 결혼 60명(21%), 이혼(별거) 34명(12%), 동거 9명(3%), 사별 4명(1%)의 순이었으며, 일반인의 경우 미혼이 339명(66%)으로 가장 많았고 그 다음으로는 결혼 161명(31%), 동거 4명(1%), 이혼(별거) 3명(1%), 사별 1명(0%)의 순이었다.

학력의 경우 성범죄자는 대학교 졸(재학, 중퇴 포함)이 98명(34%)으로 가장 많았고 그 다음으로 고등학교 졸(중퇴, 자퇴 포함) 94명(33%), 중학교 졸(중퇴, 자퇴 포함) 61명(21%), 초등학교 졸(중퇴, 자퇴, 및 초졸 이하 포함) 23명(8%), 대학원 이상 5명(1%) 순이었고, 일반인의 경우 대학교 졸(재학, 중퇴 포함)이 355명(70%)으로 가장 많았으며, 고등학교 졸(중퇴, 자퇴 포함) 112명(22%), 대학원 이상 29명(5%), 중학교졸(중퇴, 자퇴 포함) 9명(1%), 초등학교 졸(중퇴, 자퇴 및 초졸 이하 포함) 1명(0%)의 순이었다.

조사대상자의 개인 소득별로는 성범죄자의 경우 없음이 90명(25%)으로 가장 많았고, 그 다음으로는 100~200만 원 73명(23%), 백만 원 미만 62명(17%), 201~300만 원 34명(9%), 301~400만 원 14명(4%), 401~500만 원 3명(1%), 501만 원 이상 1명(0%)의 순이었고, 일반인의 경우 없음이 143명(28%)으로 가장 많았고 그 다음으로는 100~200만 원 108명(21%), 백만 원 미만 99명(19%), 201~300만 원 96명(19%), 301~400만 원 34명(6%), 401~500만 원 10명(2%), 501만 원 이상 8명(1%)의 순이었다.

조사대상의 직업군을 보면 성범죄자의 경우 미취업 51명(18%), 판매 서비스직 47명(16%), 사무직 41명(14%), 생산직 26명(9%), 전문기술직 15명(5%), 행정 관리직 8명(2%), 농어업직 2명(1%)의 순이었으며 일반인의 경우 미취업 86명(17%), 사무직 79명(15%), 판매 서비스직 75명(15%), 전문기술직 45명(9%), 생산직 34명(6%), 행정 관리직 5명(1%), 농어업직 4명(1%)의 순이었다.

⟨표 4-1⟩ 인구사회학적 특성

		대상				Total	
		성범죄자		일반인			
		빈도	%	빈도	%	빈도	%
나이	10대	52	18	32	6	84	10
	20대	68	24	240	47	308	39
	30대	89	31	112	22	201	25
	40대	41	15	80	15	121	15
	50대	31	11	38	7	69	8
혼인여부	미혼	174	61	339	66	513	65
	동거	9	3	4	1	13	1
	결혼	60	21	161	31	221	28
	이혼(별거)	34	12	3	1	37	4
	사별	4	1	1	0	5	1
학력	초등학교 졸(이하 포함)	23	8	1	0	24	3
	중졸(중퇴, 자퇴)	61	21	9	1	70	8
	고졸(중퇴, 자퇴)	94	33	112	22	206	26
	대졸(재학, 중퇴)	98	34	355	70	453	57
	대학원 이상	5	1	29	5	34	4
개인소득	없음	90	25	143	28	233	30
	백만 원 미만	62	17	99	19	161	20
	100~200만 원	73	23	108	21	181	23
	201~300만 원	34	9	96	19	130	16
	301~400만 원	14	4	34	6	48	6
	401~500만 원	3	1	10	2	13	1
	501만 원 이상	1	0	8	1	9	1
직업	사무직	41	14	79	15	120	15
	판매 서비스직	47	16	75	15	122	15
	농어업직	2	1	4	1	6	1
	생산직	26	9	34	6	60	7
	행정관리직	8	2	5	1	13	2
	전문기술직	15	5	45	9	60	7
	미취업	51	18	86	17	137	2
	기타	88	31	171	34	259	33

이 연구를 위해 성범죄자의 범죄 관련 주요 특성은 <표 4-2>와 같다. 전체 성범죄자 중 강간범은 76명(26%), 강제추행범은 53명(18%), 준강간과 준강제추행은 69명(24%)이며, 강도강간은 31명(10%), 강간 등에 의한 상해·치상은 47명(16%)이다. 또한 조사대상자의 범죄 관련 특성을 보면 재범의 경우 동종 재범이 33명(39%), 이종 재범이 52명(61%)으로 이종 재범이 과반수이었다.

피해자 연령대의 경우 14~18세가 77명(30%)으로 가장 많았고 그 다음으로 19~25세 74명(29%), 25~30세 30명(12%), 30대 27명(10%), 13세 미만 26명(10%), 40대 19명(7%), 50대 이상 6명(2%)의 순이었다.

피해자와 가해자의 관계의 경우 범행 당시 처음 본 사람이 100명(40%)로 가장 많았으며 그 다음으로는 범행 몇 시간 전 알게 된 사이가 50명(20%), 전부터 안면이 있는 관계 39명(15%), 선후배가 10명(4%), 과거에 한두 번 정도 만난 적이 있는 사람 9명(4%), 동네사람과 가족 집단이 각각 7명(3%), 친구 6명(2%), 고용주와 종업원 관계와 직장 상사, 동료, 부하 집단이 각각 4명(2%), 친인척 3명(1%), 업무 등으로 정기적으로 만나는 사람 1명(1%)의 순이었다.

〈표 4-2〉 조사대상자의 범죄 관련 특성

구분		빈도	%
성범죄 유형	강간	76	26
	강제추행	53	18
	준강간·준강제추행	69	24
	강도강간	31	11
	강간 등에 의한 상해·치상	47	17
재범	동종 재범	33	39
	이종 재범	52	61
피해자 연령대	13세 미만	26	10
	14~18세	77	30
	19~25세	74	29
	25~30세	30	12
	30대	27	10
	40대	19	7
	50대 이상	6	2
피해자와 가해자 관계	범행 당시 처음 본 사람	100	40
	범행 몇 시간 전 알게 된 사이	50	20
	고용주와 종업원 관계	4	2
	전부터 안면이 있는 관계	39	15
	업무 등으로 정기적으로 만나는 사람	1	1
	친구	6	2
	선후배	10	4
	과거에 한두 번 정도 만난 적이 있는 사람	9	4
	직장 상사, 동료, 부하	4	2
	동네사람	7	3
	가족	7	3
	친인척	3	1
	기타	10	4

2. 신뢰도 검증

신뢰성(Reliability)이란 유사한 측정 도구 혹은 동일한 측정 도구를 사용하여 동일한 개념을 반복 측정했을 때 일관성 있는 결과를 얻는 것을 말한다. 즉 신뢰성은 안정성, 일관성, 예측가능성, 정확성, 의존가능성 등으로 표현될 수 있는 개념이다. 신뢰성의 의의는 어떤 조사 결과에 이 조사 결과가 부정확한 측정 자료에서 우연히 발견된 것이 아니라는 결과에 대한 확인을 줄 수 있으나 연구 결과와 그 해석을 위한 필요조건일 뿐 충분조건은 아니다. 이 연구에서는 Cronbach 계수를 이용하여 분석하였으며, 일반적으로 0.6 이상이면 비교적 신뢰성이 높다고 한다(채서일, 2001: 251).

이 연구에서 사용한 변인에 대한 신뢰도 검증 결과를 보면 다음 <표 4-3>과 같다. 강간통념의 하위변인인 책임 전가에 대한 신뢰도 검증 시 신뢰도 계수가 .910으로 나타나 .6보다 높은 신뢰도를 보여 측정 도구의 신뢰성이 있는 것으로 나타났다. 또한 여성 행동에 대한 오해에 대한 신뢰도를 살펴보면 .884이며, 피해자 음란성의 경우 .866으로 나타나 강간통념의 하위변인 모두 측정 도구의 신뢰성이 있는 것으로 분석되었다. 성역할에 대한 하위변인의 하나인 남성우월주의는 신뢰도 계수가 .726으로 나타나 .6보다 높은 수치를 보였고, 여성의 순결 이데올로기의 경우 .717로 나타났으며, 전통적 성역할의 경우 .593으로 나타났다.[27] 성폭력 용인도의 경우 각 하위요인인 언어적 폭력의 경우 .789, 물리적 성폭력 .749, 정신적 성폭력 .828로 나타나 .6보다 높은 수치를 보여 측정 도구의 신뢰성이 있다고 할 수 있다.

---

27) 비록 전통적 성역할의 산뢰도 계수가 .593으로서 .6보다 낮지만 연구의 상황에 따라 항목을 그대로 두는 것이 좋다고 판단되면 제거하지 않아도 되므로(송지준, 2008: 96), 이 연구에서 전통적 성역할에 대한 변인은 연구의 진행에 그대로 두도록 한다.

<표 4-3> 변인에 대한 신뢰도 검증

변인	하위변인	문항	Cronbach's Alpha if Item Deleted	신뢰도
강간 통념	피해자 책임 전가	a-7	.896	.910
		a-6	.893	
		a-8	.900	
		a-10	.904	
		a-11	.900	
		a-5	.895	
		a-9	.900	
		a-4	.896	
	여성 행동에 대한 오해	a-14	.849	.884
		a-12	.871	
		a-13	.877	
		a-17	.859	
		a-18	.866	
		a-15	.860	
	피해자 음란성	a-3	.815	.866
		a-2	.805	
		a-1	.833	
		a-16	.863	
성역할 고정관념	여성 순결 이데올로기	b-9	.584	.717
		b-13	.650	
		b-7	.646	
		b-10	.731	
	남성우월주의	b-3	.710	.726
		b-12	.664	
		b-6	.656	
		b-4	.700	
		b-8	.668	
	전통적 성역할	b-2	.469	.593
		b-1	.557	
		b-11	.531	
		b-5	.527	
성폭력 용인도	언어적 폭력	c-3	.695	.789
		c-2	.708	
		c-4	.733	
		c-1	.810	
	물리적 폭력	c-7	.668	.749
		c-6	.706	
		c-9	.721	
		c-8	.724	
		c-5	.708	
	정신적 폭력	c-11	.668	.828
		c-10	.706	
		c-12	.721	

3. 타당성 분석

타당성은 검사도구가 측정하고자 하는 내용을 얼마나 충실하게 측정하였느냐 하는 검사목적에 따른 검사 도구의 적합성을 의미한다. 따라서 검사 점수의 해석에 대하여 이론이나 근거가 지지해 주는 정도를 말한다. 이 연구의 수행을 위해 사용된 설문지는 각 도구별로 구성되어 다음과 같이 나눌 수 있다. 특히 구성 타당성이란 검사 도구의 타당성을 검증하는 기본적인 절차로서 검사를 통해 측정하고자 하는 개념이나 속성을 정확히 측정하였는가를 의미한다. 다시 말해, 특정 개념이나 속성을 측정하기 위하여 개발한 측정 도구가 그 개념이나 속성을 정확하게 반영할 수 있는가를 나타내는 척도이다.

이 연구에서는 성범죄자와 일반인 간의 성의식의 차이에 대해서 강간통념, 성폭력 용인도 및 성역할 고정관념이라는 독립변수와 그 하위변수를 중심으로 설문을 구성하였다. 따라서 각각의 독립변수와 그 하위변수의 유효성을 고려하여 신뢰성을 향상시키고 각 변수들의 설명력을 높일 수 있는 변수를 추출하고자 요인분석을 실시하였다. 이 연구의 측정 변수는 척도 순환과정을 통해 일부 항목을 제거하였다. 먼저 타당도 검증을 위하여 탐색적 요인분석을 실시하였다. 모든 측정변수는 구성요인을 추출하기 위해 주성분 분석(principle components analysis)을 사용하였으며, 요인 적재치의 단순화를 위해 직교회전(varimax rotation)을 실시하였다. 이 연구에서의 문항의 선택기준은 고웃값(eigen value)은 1.0 이상, 요인적재치는 0.40 이상을 기준으로 하였다.

1) 강간통념 척도의 요인분석 결과

강간통념을 알아보기 위해 Burt(1980)가 개발한 강간통념 척도를 이석재(1999)가 수정 보완한 척도를 사용하였으며, 이는 전체 20문항으로 구성되어 있다. 각 문항은 강간에 대한 통념을 진술하는 내용으로 되어 있으며, '아주 반대'부터 '아주 찬성'까지 Likert형 5점 척도로 구성되어 있다. 이석재(1999)의 연구에서 신뢰도는 .87이었다.

강간통념은 강간 피해자가 일부 책임이 있으며, 또 피해자가 강간을 내심 얼마만큼은 원하는 것이라고 보는 신념을 말한다. 이에 Burt(1980)가 제시한 "여자가 처음 만난 남자의 집에 둘만 있게 되는 것을 알면서도 따라가는 것은 성관계를 허락한나는 것으로 볼 수 있다." 등 열 문항을 사용하고 이에 대해 5점 척도로 응답하도록 했다(alpha = .857).

각 요인의 문항 내용을 분석하여 강간통념 측정 도구로 조사한 내용은 다음 <표 4 - 4>에 나타나 있는 것과 같다. 이 연구의 측정변수는 척도 순환과정을 통해 일부 항목을 제거하였다. 그리고 타당도 검증을 위하여 탐색적 요인분석을 실시하였다. 이 연구에서의 문항의 선택기준은 고윳값(eigen value)은 1.0 이상, 요인적재치는 0.40 이상을 기준으로 하였다. 강간통념은 선행연구인 이석재(1999)의 분류에서 사용한 하위변수에 대해 해석이 타당하다고 판단되어 이 연구에서는 동일한 명명을 사용하였다. 총 20문항 중 2개 문항이 이론구조에 맞지 않게 적재되어 제거한 후 최종적으로 18개 문항을 분석에 이용하였다. 자세한 내용은 <표 4 - 4>와 같다.

〈표 4-4〉 강간통념 요인분석

요인	변수명	요인적재량	공통성	고윳값	분산설명력
피해자 책임 전가	여자가 키스·애무를 허용하는 것은 성관계를 허락한다는 뜻이다.	.810	.772	4.2	23.07
	여자가 처음 만난 남자의 집을 따라가는 것은 그와의 성관계를 허용한다는 뜻이다.	.764	.735		
	여자보다 남자는 성충동이 일어나면 이를 통제할 수 없기 때문에 해소하여야 한다.	.662	.592		
	만일 여자가 목을 껴안고 애무하다 사태를 걷잡을 수 없게 되어 남자가 성폭행을 했다면, 잘못은 여자에게 있다.	.659	.553		
	여자가 모임에서 술에 취해 처음 만난 남자와 성관계를 가졌다면, 농락당하기 쉬운 상대이다.	.574	.622		
	여자를 식사 등으로 지극히 대하면 대개 섹스를 허용한다.	.554	.659		
	여자가 알지 못하는 사람의 차를 얻어 타려다 강간을 당했다면, 그녀는 당할 만하다.	.550	.622		
	여자가 친근감이 있게 대하는 것은 성관계를 허용한다는 것이다.	.523	.678		
여성 행동에 대한 오해	끼 있는 여자는 늦은 밤에 혼자 길을 걷는다.	.767	.763	4.0	22.13
	남자가 성관계를 요구할 때, 여자가 '안 돼'라고 응답하는 것은 허락한다는 뜻이다.	.683	.605		
	여자가 노브라, 짧은 치마를 입는 것은 강간을 자초하는 것이다.	.669	.659		
	많은 여자는 강간을 당하고 싶어 하고 상황을 조성한다.	.607	.689		
	어떤 여자들은 성폭행당하는 것을 즐긴다.	.589	.612		
	대부분의 강간 사례는 임신된 사실을 알았거나 자신의 명예를 지키고자 하는 여성이 날조한 것이다.	.575	.690		
피해자의 음란성	강간 피해자는 평소 성관계가 난잡하고 평판도 좋지 않다.	.827	.773	4.0	22.10
	강간을 보고하는 여자는 전에 많은 성관계를 가졌다.	.811	.774		
	성욕이 왕성한 여자들이 대개 강간을 당한다.	.763	.716		
	강간을 보고하는 많은 여성은 상대에 대한 분노와 보복하려는 동기로 거짓말을 한다.	.559	.603		

2) 성폭력 용인도

성폭력 용인도란 개인이나 사물에 대해서 갖게 되는 성폭력적
성향을 의미한다. 성폭력 용인도를 알아보기 위하여, 일상생활에서
발생할 수 있는 성과 관련된 범죄 및 일탈행위의 12가지 사례를
구성하여 연구한 김은경(2000)의 도구를 사용하였다. 사례의 내용
은 '욕설이나 비방, 거친 언어로 이성을 공격하는 행위', '상대를
성적으로 모욕하거나 음담패설로 수치심을 자극하는 행위', '원치
않는 사람에게 일부러 포르노나 야한 사진을 보여주는 행위', '원
치 않는 사람에게 일방적으로 성적 대화를 요구하는 행위', '원치
않는 사람의 가슴, 엉덩이, 음부 등을 고의로 건드리거나 만지는
행위, 또는 그녀에게 몸을 밀착시키는 행위', '원지 않는 사람에게
구타 또는 협박으로 성교를 강요하는 행위', '연인 간에 여자의
'NO'를 무시하고 남자가 강제로 성교하는 행위', '원치 않는 아내
에게 남편이 강제적으로 성교하는 행위', '미성년자에게 돈을 주고
성교하는 행위', '열 번 찍어 안 넘어가는 나무 없다며, 일방적으
로 좋아하는 사람을 집요하게 뒤쫓아 다니면서 구애하는 행위',
'상대가 싫다는데도, 일방적으로 전화, 편지(이메일), 선물 등을 계
속해서 보내어 상대에게 부담을 주는 행위', '헤어지기 원하는 상
대에게 만나 주지 않거나 헤어지면 좋지 않을 것이라고 협박하는
행위'이다.[28]

성폭력성의 응답범주는 '매우 심각한 성폭력', '일반적 성폭력',

---

28) 김은경(2000)의 연구에서 신뢰도가 누락되어 있었는데, 박미란(2008)의 연구에서 동일한
　　도구를 사용한 결과 신뢰도는 .93으로 나타나 상당히 신뢰할 수 있는 결과이어서 이 연구
　　에서는 그대로 연구를 진행하였다.

‘사소한 성폭력’, ‘성폭력 아님’의 4점 척도로 구성하였다. 성폭력 용인도와 관련한 12가지 사례에 대한 응답결과의 요인분석 결과 ‘언어적 성폭력’, ‘물리적 성폭력’, ‘정신적 성폭력’으로 구분되며 이는 김은경(2000)의 연구와 동일하게 명명하였다. 이 연구에서의 신뢰도는 .843으로 나타났다.

이 연구의 측정변수는 척도 순환과정을 통하여 일부 항목을 제거하였다. 먼저 타당도 검증을 위하여 탐색적 요인분석을 하였다. 요인 적재치는 각 변수와 요인 간의 상관관계의 정도를 나타낸다. 그러므로 각 변수들은 요인적재치가 가장 높은 요인에 속하게 된다. 또한 고윳값은 특정 요인에 적재된 모든 변수의 적재량을 제곱하여 합한 값을 의미하므로, 특정 요인에 관련된 표준화 분산(standardized variance)을 가리킨다.

<표 4-5>는 성폭력 용인도에 대한 요인분석 결과이다. 설명된 총분산은 63.46%로 나타났다. 전체적으로 성폭력 용인도는 선행연구 결과와 이론 구조와 동일하게 3개의 요인으로 추출되었다. 추출된 요인은 선행연구와 동일하게 언어적 성폭력, 물리적 성폭력, 정신적 성폭력으로 명명하였고, 문항 모두를 분석에 이용하였다.

〈표 4-5〉 성폭력 용인도 요인분석

		요인분석			
		언어적 성폭력	물리적 성폭력	정신적 성폭력	공통성
c-3	원치 않는 사람에게 일부러 포르노나 야한 사진을 보여주는 행위	.809			.718
c-2	상대를 성적으로 모욕하거나 음담패설로 수치심을 자극하는 행위	.774			.651
c-4	원치 않는 사람에게 일방적으로 성적 대화를 요구하는 행위	.751			.657
c-1	욕설이나 비방, 거친 언어로 이성을 공격하는 행위	.642			.536
c-7	연인 간에 여자의 'NO'를 무시하고 남자가 강제로 성교하는 행위		.811		.679
c-6	원치 않는 사람에게 구타 또는 협박으로 성교를 강요하는 행위		.731		.625
c-9	미성년자에게 돈을 주고 성교하는 행위		.642		.495
c-8	원치 않는 아내에게 남편이 강제적으로 성교하는 행위		.591		.488
c-5	원치 않는 사람의 가슴 등을 만지거나, 여자에게 몸을 밀착시키는 행위		.570		.593
c-11	상대가 싫다는데도 일방적으로 전화, 선물 등을 계속해서 보내는 행위			.881	.797
c-10	일방적으로 좋아하는 사람을 집요하게 뒤쫓아 다니면서 구애하는 행위			.813	.687
c-12	헤어지기 원하는 상대에게 헤어지면 좋지 않을 것이라고 협박하는 행위			.799	.691
	eigen value	2.7	2.5	2.4	
	분산설명(%)	22.26	20.80	20.40	

3) 성역할 고정관념의 요인분석 결과

어느 사회에서나 정도의 차이는 있지만, 성 및 성역할을 둘러싼 문화적 가치, 즉 성별 권력관계, 성차별성, 남성우월주의 등을 포함한 가치 속에서 기본적으로 자신의 성별 정체성을 발전시킨다. 성(gender)의 차이에 따라 역할과 각각의 특성에 대해 갖는 일반적인 믿음을 고정관념이라고 하는데, 이 연구에서는 성역할에 대한 고정관념을 살펴보도록 한다.

전통적 성역할은 남녀의 차이를 바탕으로 남자와 여자가 전통적으로 그 역할이 다르다고 보는 의식을 말하는데, 이를 위해 Spence와 동료들의(1973) 여성에 대한 태도의 척도에서 나타난 '가족부양은 일차적으로 남편에게 있다.' '여자는 남편에게 순종해야 한다.' 등의 20가지 질문을 모두 사용하여 5점 척도에 응답하도록 하였다 (alpha = .908). 여성 성적 대상화는 여성을 바라보는 인식이 여성을 육체적, 성적 객체로 보는 경향을 말하는 것으로, 김은경(2000)의 연구에서 사용한 대로 '여성의 가치는 성적으로 얼마나 섹시한가에 있다.' '여성 하면 성적 대상으로 생각이 든다.' 등 두 문항을 사용하였다(alpha = .787). 남성지배 성의식을 측정하기 위해서는 성과 관련한 이중적 성윤리 중 남성의 지배적 성의식을 중심으로 살펴보았으며, 김은경(2000)의 연구에서 사용했던 '성관계는 남성이 리드해 나가야 한다.' '남성의 외도는 곧 능력이다.' '성에 대한 경험이 많을수록 남자답다.' '결혼 전까지 순결한 남자는 어수룩하다.' 등 네 문항을 질문하고 4점 척도에 응답하도록 하였다(alpha = .711). 또한 김은경(2000)의 연구와 김선영(1989), 신성자(1997),

김은주(1997), 장윤경(2002)의 연구에서 사용된 척도를 추가 문항으로 구성하였고, 성역할 태도와 관련하여 각 도구에서 중복되고 유사한 내용을 삭제한 뒤 탐색적 요인분석을 거쳐, 문항 간의 상관, 개별 문항과 전체 문항 총점 간의 상관 및 척도의 내적 일치도를 높이는 문항들을 선별하고, 신뢰도 계수를 낮추는 문항들을 삭제하였다. 또한 주요인 추출법(principle components analysis)에 의해 고유가(eigen value) 1 이상인 요인을 확인하여 직교회전(varimax rotation)을 실시하였다. 추출된 요인들을 대상으로 면밀하게 분석하고, 구성 개념상 적절히 분류되지 않은 문항들을 제거하여 총 3개 요인의 문항들이 의미 있는 것으로 최종 판단하였으며, 신뢰도는 .768이다.

추출된 요인은 선행연구와 유사하게 남성우월주의, 여성 순결 이데올로기, 전통적 성역할로 명명하였고, 문항 모두를 분석에 이용하였다.

이 연구의 측정변수는 척도 순환과정을 통하여 일부 항목을 제거하였다. 그리고 타당도 검증을 위하여 탐색적 요인분석을 하였다. 모든 측정변수는 구성요인을 추출하기 위하여 주성분 분석(principle components analysis)을 사용하였으며, 요인 적재치의 단순화를 위해 직교회전(varimax rotation)을 실시하였다.

〈표 4-6〉 성역할 고정관념 요인분석

항목		번호	요인분석			
			여성순결 이데올로기	남성 우월주의	전통적 성역할	공통성
여성순결 이데올로기	성행위에 적극적인 여성은 아무래도 여성답지 못하다.	8	.754			.650
	성을 밝히는 여성은 절대로 '현모양처'가 될 수 없다.	12	.659			.528
	여성은 성적 욕구가 있더라도 억제해야 한다.	7	.630			.521
	여성은 결혼할 때까지 순결을 지켜야 한다.	9	.628			.545
남성 우월주의	'남자의 성욕은 참을 수 없다.'는 말은 일리가 있다.	3		.681		.493
	여성의 가치는 성적으로 얼마나 섹시한가에 달려 있다.	11		.631		.511
	남성은 성적으로 강해야 하고 성관계를 주도해야 한다.	6		.628		.534
	일반적으로 남성이 여성보다 우월하다.	4		.614		.416
	성에 대한 관심과 경험이 많을수록 남자답다.	8		.553		.537
전통적 성역할	가족의 생계부양 책임은 일차적으로 남자에게 있다.	2			.721	.561
	남자에게는 사회적 성공이 무엇보다 중요하다.	1			.675	.522
	여성의 외도는 용납할 수 없다.	10			.605	.538
	여성에게 순종과 헌신은 미덕이다.	5			.463	.431
eigen-value			2.5	2.5	1.8	
분산설명(5)			19.34	19.01	13.85	

제2절 가설 검증과 분석 결과의 논의

이 절에서는 앞에서 제시한 연구가설에 대해 검증을 한 후 논의를 하였다. 가설 검증의 경우 성범죄자와 일반인 간의 주요 변수인 강간통념, 성폭력 용인도, 성역할 고정관념의 차이를 분석하였다. 차이분석 후 회귀분석을 통해 각 변수 간의 관계에 대해 알아보았다. 성범죄자와 일반인 간의 차이 검증은 t-test를 중심으로 하였다. 이는 성의식에 대해 성범죄자와 일반인 간의 차이를 검증하기 위해서이다. 회귀분석의 경우 독립변수들마다 단위가 다를 때에는 단순회귀계수만으로는 그 중요도를 파악할 수 없으므로 단위를 표준화한 회귀계수를 도출하여 독립변수들의 상대적 중요노를 나타내 주도록 한다. 이 연구의 회귀분석에 대한 설명에서는 평균 분산, 표준오차 등에 대한 설명은 생략하고 모형의 설명력을 나타내는 R제곱, F값과 유의확률 및 비표준화 계수 B값, T값을 중심으로 설명하고자 한다.

1. 가설 검증

연구가설 I
1. 성범죄자와 일반인은 강간통념에 차이가 있다.
2. 강간통념의 차이는 성범죄에 영향을 미친다.

연구가설 Ⅰ을 검증하기 위해 먼저 집단별 평균차이를 검증하였다. 집단별 강간통념의 평균차이를 정리한 결과는 <표 4-7>과 같다. 성범죄자 집단의 평균은 3.17로 일반인 집단의 평균인 1.99보다 높다. 이러한 차이가 통계적으로 유의미한 차이를 보이는지를 분석하기 위해서 t-검증을 하였다. t-검증은 두 집단 간의 차이를 확인하는 통계방법으로, 두 집단 간의 평균차이가 통계적으로 유의미한지 아닌지를 파악할 수 있다.

<표 4-7>과 같이 t-test 결과 양쪽 검증의 유의도는 0.000으로 신뢰도 99.9%에서 통계적으로 유의한 차이가 있었다. 즉 0.001 유의수준에서 유의확률이 0.000으로 0.001보다 작으므로 두 집단 간의 강간통념의 평균차이는 통계적으로 유의미한 차이를 보이는 것을 알 수 있다.

따라서 조사대상 중 성범죄자 집단이 일반인 집단보다 강간통념을 더 많이 수용하는 것으로 나타났다. 이 결과는 성범죄자 집단이 일반인 집단에 비해 강간통념이 압도적으로 높게 나왔고, 이는 이 연구에서 가정하였던 가설에 부합하는 결과이다. 이러한 결과는 Lindsay(2007)의 연구에서 성범죄자가 일반인보다 강간통념의 수용도가 높다는 연구 결과와 동일하다. 한편, 이영준(2005)의 연구에서는 청소년을 대상으로 성범죄자 집단, 일반범죄 집단으로 구분하여 조사한 결과 청소년 성범죄 집단이 강간통념의 수용도가 높게 나왔다. 따라서 강간통념은 청소년과 성인 모두에서 성범죄자의 경우 강간통념의 수용도가 높음을 알 수 있다.

〈표 4-7〉 집단별 강간통념의 차이분석

대상		N	평균	표준편차	평균의 표준오차
강간통념	성범죄자 집단	259	3.1700	1.51551	.09417
	일반인 집단	463	1.9887	.67209	.03123

	Levene의 등분산 검정		평균의 동일성에 대한 t-검정						
	F	유의확률	t	자유도	유의확률(양쪽)	평균차	차이의 표준오차	차이의 95% 신뢰구간 하한	상한
등분산이 가정됨	223.576	.000	14.432	720	.000	1.1813	.08186	1.02063	1.34203
등분산이 가정되지 않음			11.907	315.757	.000	1.1813	.09921	.98613	1.37653

　지금까지 집단별 강간통념의 평균차이와 하위변수의 평균치이를 살펴보았다. 아래 <표 4-8>은 성범죄를 종속변수로 강간통념을 독립변수로 해서 회귀분석한 결과를 정리한 것이다.[29] 즉 강간통념이 성범죄에 미치는 영향에 관한 회귀분석 모형의 설명력은 .215로 전체 분산 중 21.5%가 설명되었다. 이 결과의 전체 모형에 대한 F검정결과는 p=.000에서 F값이 198.283으로서 유의수준을 0.001로 할 때 그 확률은 .000으로 유의한 것으로 판단된다. 통계적으로 유의한 것으로 나타난 변수인 강간통념의 t값이 14.081이며, 유의확률은 .000이기 때문에 신뢰도 99.9% 내에서 유의한 영향을 미치는 것으로 나타났다. 따라서 강간통념은 성범죄에 영향을 미치는 것으로 나타나 가설은 채택되었다. 이러한 연구 결과는 성

---

29) 회귀분석은 독립변수가 한 단위 증가함에 따라 종속변수가 어느 정도 변화하는지를 파악하여, 독립변수와 종속변수의 직선형 관계를 파악하는 통계분석기법이다(이상규 외, 2002: 219).

범죄자가 일반인보다 강간통념이 높아 성범죄자의 경우 강간통념이 성범죄에 영향을 미칠 수 있음을 알 수 있다.

〈표 4-8〉 강간통념과 성범죄자와의 회귀분석

	R	R 제곱	수정된 R 제곱	추정값의 표준오차
	.465(a)	.216	.215	.42529

a 예측값: (상수), 강간통념

	제곱합	자유도	평균제곱	F	유의확률
선형회귀분석	35.863	1	35.863	198.283	.000(a)
잔차	130.227	720	.181		
Total	166.090	721			

a 예측값: (상수), 강간통념
b 종속변수: 성범죄

	비표준화 계수		표준화 계수	t	유의확률
	B	표준오차	Beta		
(상수)	-.070	.034		-2.047	.041
강간통념	.232	.016	.465	14.081	.000

하위가설 1-1 성범죄자와 일반인은 피해자 책임 전가에 대한 인식에 차이가 있다.
　　　　1-2 성범죄자와 일반인은 여성 행동에 대한 오해에 대한 인식에 차이가 있다.
　　　　1-3 성범죄자와 일반인은 피해자 음란성에 대한 인식에 차이가 있다.

강간통념의 하위변수에 대해서 연구가설 1의 하위가설을 검증하기 위해 평균차이를 분석하였다. 집단별 강간통념 하위변수의 평균차이를 보면 <표 4-9>와 같다.

피해자 책임 전가의 경우 성범죄자 집단의 평균은 2.75로 일반인 집단의 평균인 1.75보다 높다. 여성 행동에 대한 오해의 경우 성범죄자 집단의 평균은 2.23으로 일반인 집단의 평균인 1.44보다 높다. 그리고 피해자 음란성의 경우 성범죄자 집단의 평균은 2.51

로 일반인 집단의 평균인 1.45보다 높다. 이러한 차이가 통계적으로 유의미한 차이를 보이는지 분석하기 위해서 t - 검증을 하였다.

<표 4 - 9>와 같이 t - test 결과 양쪽 검증의 유의도는 피해자 책임 전가와 여성 행동에 대한 오해, 피해자 음란성과 과거 성경험의 양쪽 검증의 유의확률이 모두 .000으로 신뢰도 99.9%에서 통계적으로 유의한 차이가 있었다. 0.001의 유의수준에서 유의확률이 .000으로 0.001보다 작으므로 피해자 책임 전가와 여성 행동에 대한 오해, 피해자 음란성에 대한 인식에 있어 성범죄자 집단과 일반인 집단은 통계적으로 유의한 평균차이를 보이는 것을 알 수 있다.

조사대상 중 성범죄자 집단이 일반인 집단보다 피해자 책임 전가와 여성 행동에 대한 오해, 그리고 피해자 음란성에서 모두 높은 것으로 나타났다. 성범죄자의 경우 피해자에 대해 책임을 떠맡기고 자신의 행동을 합리화 내지 정당화하거나, 여성 행동에 대해 인식의 왜곡 정도가 심하거나 잘못 이해하는 정도가 일반인보다 심하여 성범죄에 영향을 미치는 것으로 판단된다.

<표 4-9> 집단별 강간통념 하위변수의 차이분석

대상		N	평균	표준편차	평균의 표준오차
피해자 책임 전가	성범죄자 집단	267	2.7453	1.31601	.08054
	일반인 집단	487	1.7515	.62680	.02840
여성 행동에 대한 오해	성범죄자 집단	273	2.2344	1.22923	.07440
	일반인 집단	495	1.4404	.56553	.02542
피해자 음란성	성범죄자 집단	279	2.5125	1.33264	.07978
	일반인 집단	497	1.4487	.58706	.02633

		Levene의 등분산 검정		평균의 동일성에 대한 t-검정					차이의 95% 신뢰구간	
		F	유의확률	t	자유도	유의확률(양쪽)	평균차	차이의 표준오차	하한	상한
피해자 책임 전가	등분산이 가정됨	266.222	.000	14.020	752	.000	.99378	.07088	.85462	1.13293
	등분산이 가정되지 않음			11.637	333.456	.000	.99378	.08540	.82579	1.16177
여성 행동에 대한 오해	등분산이 가정됨	212.503	.000	12.221	766	.000	.79403	.06497	.66648	.92157
	등분산이 가정되지 않음			10.100	336.683	.000	.79403	.07862	.63938	.94867
피해자 음란성	등분산이 가정됨	353.071	.000	15.346	774	.000	1.06385	.06932	.92777	1.19994
	등분산이 가정되지 않음			12.662	339.611	.000	1.06385	.08402	.89859	1.22911

<표 4-10>에서는 성범죄를 종속변수로 하고 강간통념의 하위변수인 피해자 책임 전가, 여성 행동에 대한 오해, 여성 음란성을 독립변수로 해서 회귀분석 한 결과이다. 즉 피해자 책임 전가, 피해자 행동에 대한 오해, 피해자 음란성이 성범죄에 미치는 영향에 관한 회귀분석 모형의 설명력은 .251로 전체 분산 중 25.1%가 설명되었다.

이 결과의 전체 모형에 대한 F검정결과는 p=.000에서 F값이 81.644로서 유의수준을 0.01로 할 때 그 확률은 .000으로 유의한

것으로 판단된다. 피해자 책임 전가, 여성 행동에 대한 오해, 피해
자 음란성의 t값이 각각 4.980, −.202, 6.307이고 유의확률이 각각
.000, .840, .000으로 피해자 책임 전가와 피해자 음란성은 0.001
유의수준에서 유의한 영향을 미치는 것으로 나타났지만 여성 행동
에 대한 오해는 유의한 영향을 미치지 않는 것으로 나타났다.

성범죄자는 일반인에 비해 강간통념에 대해 전체적으로 잘못된
인식을 가지고 있음을 알 수 있다. 구체적으로 성범죄자는 강간통
념의 하위변수인 피해자 책임 전가의 경우 피해자가 성범죄의 원인
을 제공하여 성범죄가 발생한다고 믿고 있음을 알 수 있다. 또한
성범죄자 자신의 행위에 대해 피해자가 평소에 음란하기 때문에 성
범죄자 자신과의 성적 관계가 허용된다고 믿는 것으로 나타났다.

〈표 4-10〉 강간통념 하위변수와 성범죄자와의 회귀분석

R	R 제곱	수정된 R 제곱	추정값의 표준오차
.504(a)	.254	.251	.41531

a 예측값: (상수), 피해자 음란성, 피해자 책임 전가, 피해자 행동에 대한 오해

	제곱합	자유도	평균제곱	F	유의확률
선형회귀분석	42.247	3	14.082	81.644	.000(a)
잔차	123.843	718	.172		
Total	166.090	721			

a 예측값: (상수), 피해자 음란성, 피해자 책임 전가, 피해자 행동에 대한 오해
b 종속변수: 성범죄

	비표준화 계수		표준화 계수	t	유의확률
	B	표준오차	Beta		
(상수)	−.131	.036		−3.659	.000
피해자 책임 전가	.116	.023	.253	4.980	.000
피해자 행동에 대한 오해	−.005	.027	−.011	−.202	.840
피해자 음란성	.141	.022	.306	6.307	.000

a 종속변수: 성범죄

연구가설 Ⅱ

1. 성범죄자와 일반인은 성폭력 용인도에 차이가 있다.
2. 성폭력 용인도의 차이는 성범죄에 영향을 미친다.

연구가설 Ⅱ를 검증하기 위해 먼저 집단별 평균차이를 검증하였다. 집단별 성폭력 용인도의 평균차이를 정리한 결과는 <표 4-11>과 같다.

성범죄자 집단의 평균은 2.29로 일반인 집단의 평균인 2.03보다 높다.

그런데 이러한 차이가 통계적으로 유의미한 차이를 보이는지를 분석하기 위해서 t-검증을 하였다.

<표 4-11>과 같이 t-test 결과 양쪽 검증의 유의도는 0.000으로 신뢰도 99.9%에서 통계적으로 유의한 차이가 있었다. 즉 0.001의 유의수준에서 유의확률은 0.000으로 이는 0.001보다 작으므로 두 집단 간에 성폭력 용인도에 있어 통계적으로 유의한 평균차이가 있음을 알 수 있다.

따라서 조사대상 중 성범죄자 집단이 일반인 집단보다 성폭력의 용인도가 더 높은 것으로 나타났다. 이 결과는 다른 선행연구의 결과와 유사한 것이다.

Marshall(1989)은 성범죄자가 일반인보다 성폭력에 대한 허용도가 높다고 주장하였다. 강은영(2003)의 연구에서 전체 성범죄자를 아동 대상 성폭력 가해자, 청소년 대상 성폭력 가해자, 성인 대상 성폭력 가해자 유형으로 구분하여 각 유형의 성범죄 가해자의 의식 특성과 관련하여 성폭력에 대한 태도 등을 비교 분석하였다. 그 결과 세 유형의 성폭력 가해자들은 성폭력에 대한 태도의 경우 특별한 차이가 없고 성폭력 용인도 자체가 높음을 나타내고 있다.

따라서 성폭력 대상이 아동이나 청소년 또는 성인인가에 상관없이 성범죄의 가해자들은 높은 수준의 성폭력 용인도를 보인다는 것을 알 수 있다.

<표 4-11> 집단별 성폭력 용인도의 차이분석

대상		N	평균	표준편차	평균의 표준오차
성폭력 태도	성범죄자 집단	271	2.2878	.58863	.03576
	일반인 집단	492	2.0325	.59441	.02680

	Levene의 등분산 검정		평균의 동일성에 대한 t-검정						
	F	유의확률	t	자유도	유의확률(양쪽)	평균차	차이의 표준오차	차이의 95% 신뢰구간 하한	상한
등분산이 가정됨	19.140	.000	5.697	761	.000	.2553	.04481	.16734	.34327
등분산이 가정되지 않음			5.714	561.141	.000	.2553	.04468	.16753	.34307

<표 4-12>는 성범죄를 종속변수로 성폭력 용인도를 독립변수로 하여 회귀분석 한 결과이다. 성폭력 용인도가 성범죄에 미치는 영향에 관한 회귀분석 모형의 설명력은 .040으로 전체 분산 중 4%가 설명되었다. 이 결과의 전체 모형에 대한 F검정결과는 p=.000에서 F값이 32.460으로서 유의수준을 0.001로 할 때 그 유의확률은 .000으로 유의한 것으로 판단된다. 통계적으로 유의한 것으로 나타난 변수인 성폭력 용인도의 t값이 5.697이며, 유의확률은

.000이기 때문에 0.001 유의수준에서 유의한 영향을 미치는 것으로 나타났다. 따라서 성폭력 용인도는 성범죄에 영향을 미치는 것으로 나타나 가설은 채택되었다.

〈표 4-12〉 성폭력 용인도와 성범죄자의 회귀분석

R	R 제곱	수정된 R 제곱	추정값의 표준오차
.202(a)	.041	.040	.46929

a 예측값: (상수), 성폭력 용인도
b 종속변수: 성범죄

	제곱합	자유도	평균제곱	F	유의확률
선형회귀분석	7.149	1	7.149	32.460	.000(a)
잔차	167.598	761	.220		
Total	174.747	762			

a 예측값: (상수), 성폭력 용인도
b 종속변수: 성범죄

	비표준화 계수		표준화 계수	t	유의확률
	B	표준오차	Beta		
(상수)	.015	.062		.241	.810
성폭력 용인도	.160	.028	.202	5.697	.000

a 종속변수: 성범죄

하위가설 1-1 성범죄자와 일반인은 언어적 성폭력에 대한 인식에 차이가 있다.
　　　　 1-2 성범죄자와 일반인은 물리적 성폭력에 대한 인식에 차이가 있다.
　　　　 1-3 성범죄자와 일반인은 정신적 성폭력에 대한 인식에 차이가 있다.

　성폭력 용인도의 하위변수에는 언어적 성폭력, 신체적 성폭력, 정신적 성폭력으로 구분하였다. 성범죄자 집단과 일반인 집단의 성폭력 용인도 하위변수의 평균차이를 보면 <표 4-13>과 같다.

언어적 성폭력의 경우 성범죄자 집단 평균은 2.0827로 일반인 집단 평균 1.9167보다 높은 것으로 나타났으며, 신체적 성폭력의 경우 성범죄자 집단 평균은 1.4712로 일반인 집단 1.3100보다 높았다. 정신적 성폭력의 경우 성범죄자 집단 평균이 2.5571로 일반인 집단 평균 2.3775보다 높다. 이러한 차이가 통계적으로 유의미한 차이를 보이는지를 분석하기 위해서 t - 검증을 하였다.

<표 4 - 13>과 같이 t - test 결과 양쪽 검증의 유의도는 언어적 성폭력의 경우 유의확률이 0.002로 신뢰도 99%에서 통계적으로 유의한 차이가 있었다. 신체적 성폭력의 경우 신뢰도 99%에서 통계적으로 유의한 차이가 있었으며, 정신적 성폭력의 경우도 신뢰도 99%에서 통계적으로 유의한 차이를 보이는 것을 알 수 있다.

따라서 조사대상 중 성범죄자 집단이 일반인 집단보다 언어적, 신체적, 정신적 성폭력 용인도의 하위변수 간의 차이는 성범죄자 집단이 높은 것으로 나타났다. 이 결과는 김은경(2000)의 연구와 유사하게 성범죄자 집단이 일반인 집단보다 언어적, 신체적, 정신적 성폭력 용인도가 높은 것으로 나타났다.

<표 4-13> 집단별 성폭력 용인도 하위변수 간의 차이분석

대상		N	평균	표준편차	평균의 표준오차
언어적 성폭력	성범죄자 집단	278	2.0827	.69318	.04157
	일반인 집단	504	1.9167	.72240	.03218
신체적 성폭력	성범죄자 집단	278	1.4712	.66710	.04001
	일반인 집단	500	1.3100	.57842	.02587
정신적 성폭력	성범죄자 집단	280	2.5571	.90218	.05392
	일반인 집단	506	2.3775	.94282	.04191

		Levene의 등분산 검정		평균의 동일성에 대한 t-검정					차이의 95% 신뢰구간	
		F	유의확률	t	자유도	유의확률 (양쪽)	평균차	차이의 표준오차	하한	상한
언어적 성폭력	등분산이 가정됨	1.561	.212	3.121	780	.002	.1661	.05320	.06163	.27051
	등분산이 가정되지 않음			3.159	591.417	.002	.1661	.05257	.06282	.26932
신체적 성폭력	등분산이 가정됨	24.640	.000	3.524	776	.000	.1612	.04575	.07141	.25104
	등분산이 가정되지 않음			3.384	507.729	.001	.1612	.04764	.06762	.25483
정신적 성폭력	등분산이 가정됨	1.464	.227	2.598	784	.010	.1797	.06916	.04391	.31544
	등분산이 가정되지 않음			2.631	597.549	.009	.1797	.06829	.04555	.31379

<표 4-14>에서는 성범죄자를 종속변수로 언어적 성폭력, 물리적 성폭력, 정신적 성폭력을 독립변수로 해서 회귀분석 한 결과이다. 즉 언어적 성폭력, 물리적 성폭력, 정신적 성폭력이 성범죄

자에게 미치는 영향에 관한 회귀분석 모형의 설명력은 .039로 전체 분산 중 3.9%가 설명되었다. 이 결과의 전체 모형에 대한 F검정결과는 p=.000에서 F값이 11.247로서 유의수준을 0.001로 할 때 그 확률은 .000으로 유의한 것으로 판단된다. 통계적으로 유의한 것으로 나타난 변수인 언어적 성폭력, 물리적 성폭력, 정신적 성폭력의 t값이 각각 3.086, 2.754, 4.270이고, 유의확률이 각각 .002, .006, .000으로 0.001 유의수준에서 유의한 영향을 미치는 것으로 나타났다.

〈표 4-14〉 성폭력 용인도 하위변수와 성범죄자의 회귀분석

R	R 제곱	수정된 R 제곱	추정값의 표준오차
.206(a)	.043	.039	.46950

a 예측값: (상수), 정신적 성폭력, 물리적 성폭력, 언어적 성폭력
b 종속변수: 성범죄

	제곱합	자유도	평균제곱	F	유의확률
선형회귀분석	7.437	3	2.479	11.247	.000(a)
잔차	167.310	759	.220		
Total	174.747	762			

a 예측값: (상수), 정신적 성폭력, 물리적 성폭력, 언어적 성폭력
b 종속변수: 성범죄

	비표준화 계수		표준화 계수	t	유의확률
	B	표준오차	Beta		
(상수)	-.126	.085		-1.480	.139
언어적 성폭력	.083	.027	.124	3.086	.002
물리적 성폭력	.084	.031	.109	2.754	.006
정신적 성폭력	.083	.019	.162	4.270	.000

a 종속변수: 성범죄

연구가설 Ⅲ

1. 성범죄자와 일반인은 성역할 고정관념에 차이가 있다.
2. 성역할 고정관념의 차이는 성범죄에 영향을 미칠 것이다.

성범죄자와 일반인 간의 성역할 고정관념의 차이가 있는지를 분석하였다. 양 집단 간 성역할 고정관념의 평균차이는 <표 4-15>와 같이 정리할 수 있다. 성범죄자 집단의 평균은 1.9744로 일반인 집단 1.9499보다 높다. 그런데 이러한 차이가 통계적으로 유의미한 차이를 보이는지를 분석하기 위해서 t-검증을 하였다.

<표 4-15>와 같이 t-test 결과 양쪽 검증의 유의도는 .638로 신뢰도 95%에서 통계적으로 유의한 차이가 있지 않은 것으로 나타났다. 즉 0.05 유의수준에서 유의확률이 .638로서 0.05보다 크므로 두 집단 간에 성역할 고정관념의 차이는 유의한 차이를 보이지 않는다는 것을 알 수 있다.

따라서 연구가설 Ⅲ의 성범죄자와 일반인 간의 성역할 고정관념의 차이는 있을 것이라는 가설은 기각되었다. 이 결과는 선행연구에서도 상이한 결과가 나타남을 살펴보았다. 이석재와 최상진(2001)의 연구에서는 성범죄자는 유교 문화권에서 성장한 남성들은 남성우월적인 사회화 과정을 통하여 남성 중심의 성적 가치를 내재화하였기 때문에 성역할 측면에서도 성역할 고정관념이 일반인보다 높은 것으로 나타났다. Field(1978)는 우리 사회가 남성 위주로 운영되고 있어 성역할 고정관념이 성범죄에 영향을 미치는 것으로 보고 있다. Koss, Leomard, Beezley & Oros(1981) 연구에서는 강간범의 경우 남성우월주의를 공격성으로 파악하여 일반인보다 그 결과가 높다고 보고 있다. 한편, 전영실 외(2007)의 연구에서 성역할 고정관념에 대해 이 연구 결과와 마찬가지로 유의미하지 않은 것으로 나타났다.

〈표 4-15〉 집단별 성역할 고정관념 차이분석

대상		N	평균	표준편차	평균의 표준오차
성역할	성범죄자 집단	273	1.9744	.65535	.03966
	일반인 집단	479	1.9499	.70086	.03202

	Levene의 등분산 검정		평균의 동일성에 대한 t-검정						
	F	유의확률	t	자유도	유의확률 (양쪽)	평균차	차이의 표준오차	차이의 95% 신뢰구간 하한	상한
등분산이 가정됨	3.858	.050	.471	750	.638	.02446	.05192	-.07747	.12640
등분산이 가정되지 않음			.480	597.668	.631	.02446	.05098	-.07565	.12458

<표 4-16>에서는 성범죄를 종속변수로 성역할 고정관념을 독립변수로 해서 회귀분석 한 결과이다. 즉 성역할 고정관념이 성범죄자에게 미치는 영향에 관한 회귀분석 모형의 설명력은 .002로 전체 분산 중 0.2%가 설명되었다. 이 결과의 전체 모형에 대한 F 검정결과는 p=.125에서 F값이 2.361로서 유의확률을 0.05로 할 때 그 확률은 .125로 유의하지 않은 것으로 판단된다.

성역할의 t값이 -1.537이고 유의확률은 .125로 유의확률 5% 내에서 유의한 영향을 미치지 않는 것으로 나타나 성역할 고정관념의 T검증과 같은 결과이다.

〈표 4-16〉 성역할 고정관념과 성범죄자의 회귀분석

R	R 제곱	수정된 R 제곱	추정값의 표준오차
.056(a)	.003	.002	.48076

a 예측값: (상수), 성역할 고정관념
b 종속변수: 성범죄

	제곱합	자유도	평균제곱	F	유의확률
선형회귀분석	.546	1	.546	2.361	.125(a)
잔차	173.347	750	.231		
Total	173.892	751			

a 예측값: (상수), 성역할 고정관념
b 종속변수: 성범죄

	비표준화 계수		표준화 계수	t	유의확률
	B	표준오차	Beta		
(상수)	.468	.071		6.631	.000
성역할	-.045	.029	-.056	-1.537	.125

a 종속변수: 성범죄

하위가설 1-1 성범죄자와 일반인은 여성 순결 이데올로기에 대한 인식에 차이가 있다.
　　　　 1-2 성범죄자와 일반인은 남성우월주의에 대한 인식에 차이가 있다.
　　　　 1-3 성범죄자와 일반인은 전통적 성역할에 대한 인식에 차이가 있다.

연구가설 Ⅲ에서는 성범죄자와 일반인 간의 성역할 고정관념에 대해 유의한 차이를 보이지 않았다. 이에 집단별 성역할 태도의 하위변수로 여성 순결 이데올로기, 남성우월주의, 전통적 성역할로 세분하여 살펴보도록 한다. 성범죄자 집단과 일반인 집단의 성폭력 용인도의 하위변수의 평균차이를 보면 <표 4-17>과 같다.

여성 순결 이데올로기의 경우 성범죄자 집단의 평균이 1.68로 일반인 집단 평균 1.55보다 높다. 남성우월주의의 경우 성범죄자 집단 평균이 1.84로 일반인 집단 평균 1.75보다 높다. 전통적 성역할의 경우 다른 하위변수의 결과와는 다르게 일반인 집단 평균이

2.21, 성범죄자 집단 평균은 2.11이다. 이러한 차이가 통계적으로 유의미한 차이를 보이는지를 분석하기 위해서 t-검증을 하였다.

<표 4-17>과 같이 t-test 결과 양쪽 검증의 유의확률은 여성 순결 이데올로기 평균차이의 경우 유의도는 .003으로 신뢰도 99%에서 통계적으로 유의한 차이가 있었다. 남성우월주의의 경우 유의확률 .013으로 신뢰도 95%에서 통계적으로 유의한 차이가 있었다. 전통적 성역할의 경우 유의확률 .025로 신뢰도 95%에서 통계적으로 유의한 차이를 보이는 것을 알 수 있다.

따라서 조사대상 중 성범죄자 집단이 일반인 집단보다 성역할 고정관념의 하위변수 간의 차이는 여성 순결 이데올로기, 남성우월주의의 경우에는 성범죄자 집단이 높은 것으로 나타났고 전통적 성역할의 경우는 일반인 집단이 더 높게 나타났다.

이 결과는 성역할 고정관념에 대해 성범죄자와 일반인 간의 차이와는 다른 결과이다. 즉 성역할 고정관념의 경우 성범죄자와 일반인 간의 차이가 없었으나 하위변수에서는 차이가 나타났다. 이는 여성 순결 이데올로기와 남성우월주의는 성범죄자가 높게나와 성범죄에 영향을 미친다고 볼 수 있으나, 전통적 성역할의 경우는 일반인이 높게 나옴으로써 성범죄에 영향을 미치는 정도가 적고 전체적으로 여성 순결 이데올로기와 남성우월주의의 차이를 상쇄시켜서 전체적인 성역할 고정관념에 유의미한 차이가 없는 결과를 초래한 것으로 판단된다.

<표 4-17> 집단 간 성역할 고정관념 하위변수의 차이분석

대상		N	평균	표준편차	평균의 표준오차
여성 순결 이데올로기	성범죄자 집단	279	1.6774	.57829	.03462
	일반인 집단	495	1.5475	.59115	.02657
남성우월주의	성범죄자 집단	280	1.8429	.57138	.03415
	일반인 집단	495	1.7354	.58026	.02608
전통적 성역할	성범죄자 집단	278	2.1115	.58112	.03485
	일반인 집단	494	2.2146	.62610	.02817

		Levene의 등분산 검정		평균의 동일성에 대한 t-검정					차이의 95% 신뢰구간	
		F	유의확률	t	자유도	유의확률(양쪽)	평균차	차이의 표준오차	하한	상한
여성순결 이데올로기	등분산이 가정됨	4.677	.031	2.959	772	.003	.12994	.04391	.04375	.21614
	등분산이 가정되지 않음			2.978	587.272	.003	.12994	.04364	.04423	.21566
남성 우월주의	등분산이 가정됨	6.243	.013	2.491	773	.013	.10750	.04315	.02280	.19221
	등분산이 가정되지 않음			2.502	586.708	.013	.10750	.04297	.02312	.19189
전통적 성역할	등분산이 가정됨	11.554	.001	-2.252	770	.025	-.10306	.04576	-.19289	-.01324
	등분산이 가정되지 않음			-2.300	610.678	.022	-.10306	.04481	-.19107	-.01506

<표 4-18>에서는 성범죄자를 종속변수로 여성 순결 이데올로기, 남성우월주의, 전통적 성역할을 독립변수로 해서 회귀분석 한 결과이다. 즉 여성 순결 이데올로기, 남성우월주의, 전통적 성역할이 성범죄자에게 미치는 영향에 관한 회귀분석 모형의 설명력은 .039로 전체 분산 중 3.9%가 설명되었다. 이 결과의 전체 모형에 대한 F검정결과는 p=.000에서 F값이 11.030으로서 유의확률을 0.05로 할 때 그 확률은 .000으로 유의한 것으로 판단된다.

　여성 순결 이데올로기, 남성우월주의, 전통적 성역할의 t값이 각각 2.386, 1.367, −5.410이고 유의확률이 각각 .017, .172, .000으로 유의확률 5% 내에서 여성 순결 이데올로기와 유의확률 0.1% 내에서 전통적 성역할은 유의한 영향을 미치는 것으로 나타났지만 남성우월주의는 유의한 영향을 미치지 않는 것으로 나타났다.

〈표 4-18〉 성역할 고정관념 하위변수와 성범죄자의 회귀분석

R	R 제곱	수정된 R 제곱	추정값의 표준오차
.206(a)	.042	.039	.47183

a 예측값: (상수), 전통적 성역할, 남성우월주의, 여성 순결 이데올로기
b 종속변수: 성범죄

	제곱합	자유도	평균제곱	F	유의확률
선형회귀분석	7.366	3	2.455	11.030	.000(a)
잔차	166.526	748	.223		
Total	173.892	751			

a 예측값: (상수), 전통적 성역할, 남성우월주의, 여성 순결 이데올로기
b 종속변수: 성범죄

	비표준화 계수		표준화 계수	t	유의확률
	B	표준오차	Beta		
(상수)	.506	.084		6.055	.000
여성 순결 이데올로기	.071	.030	.097	2.386	.017
남성우월주의	.038	.028	.055	1.367	.172
전통적 성역할	−.136	.025	−.203	−5.410	.000

　강간통념, 성역할 고정관념, 성폭력태도는 각각 달리 영향을 미칠 것이다.

<표 4-19>에서는 성범죄를 종속변수로 강간통념, 성역할 고정관념, 성폭력 용인도를 독립변수로 해서 회귀분석 한 결과이다. 즉 강간통념, 성역할 고정관념, 성폭력 용인도가 성범죄에 미치는 영향에 관한 회귀분석 모형의 설명력은 .245로 전체 분산 중 24.5%가 설명되었다.

이 결과의 전체 모형에 대한 F검정결과는 p=.000에서 F값이 72.959로서 유의수준을 0.001로 할 때 그 유의확률은 .000으로 유의한 것으로 판단된다. 통계적으로 유의한 것으로 나타난 변수인 강간통념, 성역할 고정관념, 성폭력 용인도의 t값이 각각 113.161, -4.667, 3.385이고 유의확률이 각각 .000, .000, .001로 유의확률 0.001 수준에서 유의한 영향을 미치는 것으로 나타났다.

따라서 강간통념, 성역할, 성폭력 용인도는 성범죄에 영향을 미치는 것으로 나타나 가설은 채택되었다. 그런데 독립변수가 2개 이상인 경우 어떤 변수가 더 큰 영향을 미치는지를 알아볼 필요가 있다.

먼저 독립변수인 강간통념, 성역할, 성폭력 용인도가 성범죄에 미치는 영향은 B값의 크기에 영향을 받는다. 그런데 독립변수가 크기가 다를 때는 그 중요도를 판단할 수 없으므로 표준화된 회귀계수를 비교한다. 위의 표에 따르면 강간통념이 가장 크고 다음은 성역할 고정관념, 성폭력 용인도의 순서이다.

또한 각 독립변수의 유의성을 판단하기 위한 t값도 강간통념이 가장 크고 다음은 성역할 고정관념, 성폭력 용인도의 순서이므로, 성범죄에 영향을 미치는 영향은 강간통념이 가장 크고 다음은 성역할 고정관념, 성폭력 용인도의 순서임을 파악할 수 있다. 따라서 성범죄에 영향을 미치는 요인은 강간통념이 가장 크다고 볼 수 있다.

<표 4-19> 강간통념, 성역할, 성폭력 용인도와 성범죄자의 회귀분석

	R	R 제곱	수정된 R 제곱	추정값의 표준오차
	.498(a)	.248	.245	.41809

a 예측값: (상수), 성폭력 용인도, 성역할 고정관념, 강간통념

	제곱합	자유도	평균 제곱	F	유의확률
선형회귀분석	38.260	3	12.753	72.959	.000(a)
잔차	116.069	664	.175		
합계	154.329	667			

a 예측값, 성폭력 용인도, 성역할 고정관념, 강간통념
b 종속변수: 성범죄

	비표준화 계수		표준화 계수	t	유의확률
	B	표준오차	베타		
(상수)	.034	.084		.404	.686
강간통념	.236	.018	.466	13.161	.000
성역할 고정관념	-.129	.028	-.160	-4.657	.000
성폭력 용인도	.094	.028	.117	3.385	.001

종속변수: 성폭력

2. 분석 결과의 논의

강간통념은 강간에 대해 구체적인 개념을 이해하는 방식으로, 강간에 대한 실질적인 의미와는 다르게 해석한 내용이라고 볼 수 있다. 이러한 강간통념은 사회 저변에 만연되어 있는 성에 대한 구성원의 인식이라고 할 수 있다. 성범죄자 집단과 일반인 집단 간의 강간통념의 평균차이를 살펴본 결과, 성범죄자 집단이 일반인 집단보다 평균값이 높았으며 유의미하였다. 이러한 결과는 강간통념이 여성을 성범죄의 피해 대상자로 만들 가능성을 높여 주는 것으로 판단할 수 있으며, 일반인에 비해 성범죄자의 강간통념이 더욱 위험하게 조사 결과 나타났으므로 강간통념은 성범죄와 관련이

있는 것으로 볼 수 있다. 이런 결과는 이영준(2005)의 연구 결과인 성범죄 집단이 정상통제 집단이나 일반범죄 집단보다 통계적으로 유의미하게 높은 수준으로 강간통념을 수용하는 것으로 나타난 것과 일치한다. 또한 이석재와 최상진(2001)의 연구에서 밝혀진 것처럼 성폭행 경험이 있는 집단이 강간통념의 수용도가 높은 것으로 나타났다는 점도 이 연구의 결과와 일치한다.

강간통념과 관련된 설문 중 일부 내용은 피해 여성이 상황을 촉발하여 성범죄가 발생한 내용도 있다. 성과 관련된 것뿐만 아니라 사람은 행동으로 인해 오해를 받는 경우가 있다. 따라서 비록 피해 여성이 상황을 촉발한 것처럼 보이지만 이는 전격적으로 성범죄자의 강간통념이 일반적이지 못하기 때문이다. 즉 피해자가 촉발한 것처럼 보이는 행동일지라도 일반인은 그런 생각을 하였지만 실제 행동으로 옮기지는 않으며, 성범죄자의 경우 실제 행동으로 인해 성범죄로 발전하는 차이가 있는 것이다.

성범죄자의 경우 피해자에게 책임을 전가하고 자신의 행동을 합리화 내지 정당화하거나, 피해자의 행동에 대해 왜곡 정도가 심하거나 잘못 이해하는 정도가 일반인보다 심하여 차이가 발생하는 것이다. 그런데 성범죄를 종속변수로 강간통념의 하위변수인 피해자 책임 전가, 여성 행동에 대한 오해, 피해자 음란성을 독립변수로 해서 회귀분석 한 결과 피해자 책임 전가와 피해자 음란성이 유의한 영향을 보였지만, 여성 행동에 대한 오해는 유의한 영향을 미치지 않았다. 여성 행동에 대한 오해에 대한 설문은 '끼 있는 여자는 늦은 밤에 혼자 길을 걷는다.' '여자가 노브라, 짧은 치마를 입는 것은 강간을 자초하는 것이다.' 등의 내용이었다. 최근 여성의 사회적 활동이 증가함에 따라 귀가 시간이 늦어지고, 과감한 노출은 패션의 유행으로 인식되어 성범죄자 및 일반인들은 다른 변수보다 상대적으로 강간통념에 대해 상쇄가 되어 그런 결과가 나온 것으로 생각된다. 강간통념의 하위변수인 피해자 책임 전가의 경우 성범죄자들은 피해자가 성범죄의 원인을 제공하여 성범죄가 발생한다고 믿고 있음을 알 수 있다. 성범죄자는 피해자가 평소에 음란하기 때문에 성범죄자 자신과의 성적 관계가 허용된다고 믿거나 피해자가 평소 생활에 문제가 있음으로 인해 자신의 성범죄 행위에 대해서 책임을 회피하는 것으로 생각된다. 피해자 책임 전가와 피해자 음란성과 과거의 성경험은 전형적인 인지왜곡이 높은 것으로 보아 향후 성범죄 집단의 의식 변화에 더욱 관심을 가져야 할 것이다.

한편 강간통념의 수용도가 높은 성범죄자 집단은 일반인 집단보다 성폭력 용인도에 대해서도 그 결과가 유의할 것으로 생각할 수 있다. 성폭력 용인도는 성폭력의 개인적인 허용 범위를 나타내는 것으로서 이 연구에서는 다양한 사례에 대해 개인의 행위에 대한 허용 정도를 나타낸 것이다.

이 연구의 조사 결과에 따르면, 조사대상 중 성범죄자 집단이 일반인 집단보다 성폭력 용인도가 더 높은 것으로 나타났다. 즉 성범죄자는 일반인보다 성폭력의 허용 정도가 높아 위험한 수준임을 알 수 있다. 이 연구의 결과는 선행연구에서 살펴본 이석재·최상진(2001)의 연구 결과와 일치한다. 이러한 결과는 강간통념이 새로운 정보를 처리하는 인지과정에 체계적으로 영향을 줄 수 있음을 보여주는 것이다(이석재·최상진, 2001: 111). 한편, 성범죄를 종속변수로 성폭력 용인도를 독립변수로 해서 회귀분석 한 결과 성폭력 용인도는 성범죄에 영향을 미치는 것으로 나타났다. 성폭력 용인도의 하위변수는 언어적 성폭력, 신체적 성폭력, 정신적 성폭력으로 구분하였다. 성범죄자 집단이 일반인 집단보다 언어적, 신체적, 정신적 성폭력 용인도가 모두 높은 것으로 나타났다. 이 결과는 성범죄자가 성폭력 허용 정도를 자신의 기준에 맞추어 '이 정도면 괜찮을 것이다.' '이런 행동은 상대 여성에 대한 나의 사랑의 표현이다.'는 등의 왜곡된 인식을 한 결과일 수도 있다. 설문조사의 결과들을 살펴보면, 성범죄자가 일반인보다 성폭력 용인도의 왜곡이 심하므로 원치 않는 폭력에 대해서는 피해자의 단호한 태도가 필요하다고 생각된다.

이 연구에서는 성역할 고정관념에 대해 가부장제에 기초한 전통적 성역할, 남성은 여성보다 우월하다는 식의 남성우월주의, 이중적 성윤리로서 여성은 순결해야 한다는 여성 순결 이데올로기를 중심으로 살펴보았다.

성범죄자와 일반인의 성역할 고정관념의 차이가 있는지를 분석한 결과에 따르면, 성범죄자 집단의 평균이 일반인 집단보다 높은 것으로 나왔다. 그러나 통계적으로 유의한 차이가 있지는 않은 것으로 나타나 성범죄자와 일반인 간에 성역할 고정관념의 차이가 있을 것이라는 가설은 기각되었다. 성역할 고정관념은 시대가 변할수록 개방적으로 변하는 경향이 이러한 결과에 영향을 준 것으로 생각된다. 성범죄를 종속변수로 성역할을 독립변수로 해서 회귀분석 한 결과 유의한 영향을 미치지 않는 것으로 나타났다.

한편, 여성 순결 이데올로기, 남성우월주의, 전통적 성역할에 대해 성범죄자 집단과 일반인 집단 간에 어떠한 차이가 있는지를 분석한 결과에서는 여성 순결 이데올로기의 경우 성범죄자 집단의 평균이 일반인 집단 평균보다 높은 것으로 나타났다. 남성우월주의의 경우에도 성범죄자 집단 평균이 일반인 집단 평균보다 높았다. 하지만 전통적 성역할의 경우 다른 결과와는 다르게 일반인 집단의 평균이 성범죄자 집단의 평균보다 높은 것으로 나타났다. 이러한 차이가 통계적으로 유의미한 차이를 보이는지를 분석하기 위해서 t – 검증을 하였는데, 여성 순결 이데올로기 평균차이의 경우 유의한 차이가 있었다. 그리고 남성우월주의의 경우에도 통계적으로 유의한 차이가 있었다. 전통적 성역할의 경우 유의확률이 .025로 신뢰도 95%에서 통계적으로 유의한 차이를 보이는 것을 알 수 있다. 따라서 성범죄자 집단과 일반인 집단 간의 성역할 고정관념에 대한 차이를 살펴본 결과, 여성 순결 이데올로기, 남성우월주의의 경우에는 성범죄자 집단이 높은 것으로 나타났고 전통적 성역할의 경우는 일반인 집단이 더 높게 나타났다.

이러한 결과는 성역할 고정관념의 하위변수는 성범죄자와 일반인 집단 간에 차이가 있음을 보여주는 것이다. 성역할 태도에는 성범죄자와 일반인 간의 차이가 없었으나 하위변수에서는 차이가 나타났다. 이는 여성 순결 이데올로기와 남성우월주의는 성범죄자가 높게 나와 성범죄에 영향을 미친다고 볼 수 있으나, 전통적 성역할의 경우는 일반인이 높게 나옴으로써 성범죄에 영향을 미치는 정도가 적고 전체적으로 여성 순결 이데올로기와 남성우월주의의 차이를 상쇄시켜서 전체적인 성역할 고정관념이 유의한 차이가 없는 것으로 나타나는 데에 영향을 미친 것으로 판단된다. 한편 이 연구와 유사한 연구로서 이석재·최상진(2001)의 연구 결과를 살펴보면, 이석재·최상진(2001)의 연구에서는 강간통념이 우리 사회에 지배적인 가치로서 자리 잡고 있는 남성본위적인 사고와 연결되는 것으로 보고 있다. 이 연구와 유사한 점은 일반인보다 성범죄자가 남성우월주의와 관련이 있다는 것이다. 일부 사회학자와 사회심리학자들은 남성이 여성을 피해자로 하는 강간은 남성의 힘, 권력, 권위주의의 표현으로 보고 있다는 것이다. 강간통념은 성폭력 용인도와 관련이 있고, 성폭력 용인도는 남성우월주의와 관련이 있다는 것이다. 이는 남성우월주의라는 인식에 남성 지배적인 사회 구조에서 강간은 여성에 대한 남자의 지배행위이며 힘의 표현이라는 주장을 지지하는 것이다.

성범죄를 종속변수로 여성 순결 이데올로기, 남성우월주의, 전통적 성역할을 독립변수로 해서 회귀분석한 결과, 여성 순결 이데올로기, 전통적 성역할은 유의한 영향을 미치는 것으로 나타났지만 남성우월주의는 유의한 영향을 미치지 않는 것으로 나타났다. 여성 순결 이데올로기와 전통적 성역할이 전체적인 성역할 중 유의한 것으로 나타난 것은 성의 개방화와 여성의 폭넓은 사회 진출로 인해 남성과 여성의 전통적인 성역할 고정관념에 대한 인식의 차가 줄어들었기 때문으로 추론된다.

그리고 성범죄를 종속변수로 강간통념, 성폭력 용인도, 성역할 고정관념을 독립변수로 해서 회귀분석 한 결과 통계적으로 유의한 것으로 나타났다. 따라서 강간통념, 성폭력 용인도, 성역할 고정관념은 성범죄에 영향을 미치는 것으로 나타나 가설은 채택되었다.

그런데 독립변수가 2개 이상인 경우 어떤 변수가 더 큰 영향을

미치는지를 알아볼 필요가 있는데, 강간통념이 가장 크고 다음은
성역할 고정관념, 성폭력 용인도의 순서로 나타났다. 또한 각 독립
변수의 유의성을 판단하기 위한 t값도 강간통념이 가장 크고 다음
은 성역할 그리고 성폭력 용인도의 순서이므로, 성범죄에 미치는
영향은 강간통념이 가장 크고 다음은 성역할, 성폭력 용인도의 순
서임을 파악할 수 있다. 따라서 성범죄에 영향을 미치는 요인은
강간통념이 가장 크다고 볼 수 있다. 그렇기 때문에 성범죄의 예
방을 위해서는 강간통념의 확산을 막기 위한 사전의 예방 교육이
중요하고, 이와 함께 사후 교화프로그램을 통해 성범죄의 감소를
이끌어 내야 할 것이다.

제5장 결 론

지금까지 성범죄자의 성의식과 관련 강간통념, 성폭력 용인도, 성역할 고정관념을 중심으로 일반인과의 차이를 알아보았다.

강간통념의 경우 성범죄자뿐만 아니라 일반인 누구든지 개인적 환경, 사회적 환경에 따라서 인식의 정도가 다를 수 있지만, 이 연구에서는 일반인보다 성범죄자가 강간통념의 왜곡도가 심한 것임을 알 수 있었다. 한편 성폭력 용인도의 경우 법 규정과 판례의 태도에서 처벌 가능한 범위에 대해 유의한 것으로 나타나고 있는데, 단순히 물리적 성폭력뿐만 아니라 언어적 성폭력, 정신적 성폭력 모두 피해자에게는 형용할 수 없는 고통을 수반하는 행위이다. 따라서 언어적 성폭력, 정신적 성폭력에 대한 성범죄자뿐만 아니라 일반인들에게도 각성시킬 수 있는 사회적인 모색이 필요하다고 생각한다. 성역할 고정관념의 경우 비록 예전보다는 성역할에 대한 고정관념이 많이 나아진 것으로 볼 수 있지만, 아직도 우리 전통적인 성역할에 대한 인식이 남성들에게 자리 잡고 있는 것으로 나타났다. 이에 여성의 사회진출이 계속적으로 높아 가고 있는 우리 사회의 실정에서 시급하게 고쳐져야 할 부분이 아닌가 싶다.

사회적으로 만연된 성의식에 대한 잘못된 인식이 짧고 제한된 시기에 올바른 성의식으로 전환되기는 불가능하다. 비록 시기상의 문제가 있을지라도 전체적으로 남성과 여성의 행동, 성역할에 대해 상호 평등한 위치에서 인격적으로 존중하는 자세가 우선적으로 필요할 것이다. 가장 시급한 것은 어려서부터 올바른 성의식에 대한 인식을 갖도록 해야 한다.

부모의 자녀에 대한 양육 태도와 관련된 가정적 환경, 성인에 이르기까지 주요 활동 장소인 학교생활 등 사회적 환경 등의 중요성은 아무리 강조해도 지나치지 않는바, 가장 기초적이고 원인적인 면에서부터 접근을 해야 한다.

성범죄는 다양한 원인으로 인해 발생하므로, 성범죄의 예방적 차원에 대한 대책을 고려할 때 성범죄에 영향을 미치는 요인에 대해 이해의 필요성을 제기할 수 있다.

특히, 성범죄자는 재범의 확률이 매우 높으므로 이에 대한 대책도 꼼꼼하게 살펴야 한다. 성범죄자에 대한 기존 방식에 혁신적인 변화와 다양한 시도가 있어야 한다. 성범죄자들을 단순히 구금함에 따라서 그들의 죄질의 개선에 도움이 되는 것은 아니기 때문이다. 오히려 확실한 목적 없이 행동에 대한 제약을 하는 연장된 구금 등과 같은 행동 통제 방법은 일정 시기에만 효과가 있을지 몰라도 언제 어디에서 발생될지 모르는 성범죄 예비군을 만들 수 있는 것이다.

최근 들어 효과성에 대해 찬·반론적 입장이 대립되는 관계 속에서 위치추적 전자장치(일명 전자발찌) 부착제도가 시행되고 있다. 주요 외국의 경우 위치추적 전자장치와 같은 전자감시제도는 기존의 구금 위주의 자유형을 다각화하기 위한 수단으로 활용되고 있다. 재범 억제 차원과 성범죄자의 사회화를 위해 시행되고 있는 반면, 우리나라에서는 전자발찌는 단지 재범을 막기 위한 방법으로만 시행되고 있는 것 같다. 신체와 사생활에 대한 침해로 보는 것은 변론으로 하더라도 주된 목적은 지금처럼 감시나 수사의 편의를 위한 제도가 아닌 피의자의 재사회화를 촉진할 수 있는 방법으로 활용해야 할 것이다.

한편, 치료적 모델을 생각해 볼 수 있다. 미국의 경우 오랜 연구를 통해 검증된 치료 모델을 민간위탁 기관들에서나 교도소 내에서 사용을 하고 있다. 사회와 분리되어 있는 교도소 등에 있다고 성범죄자의 성적 환상이나 욕구가 줄지 않기 때문이다. 심리치료는 반드시 필요하며 대상에 따라서 약물치료가 필요한 경우 실시해야 할 것으로 조심스레 생각한다.

성범죄자에 대한 특별교화프로그램이란 것이 필요하다. 구금기간을 늘리는 방법만이 결코 성범죄자 및 상습 성범죄의 재범률을 줄이기는 어렵다. 현재 우리나라 교정시스템은 별도로 성범죄자를 교화할 수 있는 체계가 없기 때문에 기간을 늘린다고 습성이나 정신상태가 바뀌기는 어려운 것이 사실이다. 따라서 성범죄자를 다른 범죄자들과 분리해야 할 것이다. 그리고 성범죄자도 범죄내용에 따라 분류해 여러 가지 교화대책을 마련해야 한다. 이 경우 치료가 필요한 성범죄자는 대상에 맞는 치료를 병행하는 제도를 마련해야 재범 예방 등에 효과가 있을 것이다.

성범죄자들을 교정하기 위한 프로그램의 도입과 그에 대한 교육이 시급하다. 교육의 내용은 가부장적 여성관을 교정하고, 그들의 합리화를 지지하고 있는 기반들에 대해 평가하고 비판할 수 있는 내용으로 해야 한다. 교육 기간은 장기간 진행되어야 한다. 사회화된 의식을 변화시키기 위해서는 장기 프로그램의 실시가 꼭 필요하기 때문이다. 그리고 성인보다는 청소년에게 더 효과적이므로 청소년에게 우선적인 교육의 기회가 주어져야 한다. 또한 성인에게 교육을 실시하기 위해서는 많은 준비와 오랜 시간에 걸친 교육이 필요하다. 왜냐하면 의식의 변화를 꾀해야 하는 만큼 오랜 시간이 필요하기 때문이다. 상습 성범죄자에 대한 감시강화가 필요할 것이다. 성범죄는 재범의 가능성이 매우 높은 범죄이기 때문이다. 이는 다른 경제적 범죄와는 달리 성범죄자의 인식과 가치관에 왜곡된 성의식이 팽배하기 때문이다.

성범죄자에 대해서 범죄 억제이론적 생각을 해 본다. 범죄를 억제하기 위한 하나의 방법은 신속성이다. 우리의 경우 범죄자에 대해 즉시적인 것보다는 몇 달 또는 몇 년씩이나 지연되고 있는 실정이다. 또한 범죄자의 엄격성의 경우 많은 범죄자들이 처벌되지 않는 경우도 상당하다고 할 수 있다. 이러한 현실로 볼 때 기존 성범죄자들에게 가한 처벌보다 더 즉각적이며 강도가 강한 처벌이 필요하다고 본다.

성범죄자들과 일반인들을 학교생활과 비행행동으로 비교해 본다면 성범죄자들은 성범죄를 저지르지 않는 일반인들보다 낮은 학교 성적과 학교에 적응을 못 하는 모습을 보인다. 이와 관련하여 성범죄의 원인으로서 아동기 시절에 의도하지 않은 가르침으로 인한 성차별을 들 수가 있다. 대부분의 교사들은 학교에서 남녀 학생들을 차별적으로 사회화시키는 경우가 많다. 어렸을 때부터 남자는 남자답게 행동하는 것을 여자는 여자답게 행동하는 것을 마치 그들이 성 고정관념처럼 배워 왔던 것을 또다시 아이들에게 가르치는 상황이 반복된다. 이러한 문제점들을 극복하기 위해서는 어렸을 때부터 잘못된 성역할에 대한 올바른 가르침이 필요하다.

가해자의 이면에는 피해를 당한 당사자가 있다. 지금까지 성범죄 피해자에 대한 사회적인 보호 등의 관련된 정책은 거의 없는 실정이다. 가해자의 처벌도 중요하겠지만 피해라는 현실의 사각지대에 놓인 성범죄 피해자에 대해 많은 사회적 배려가 필요한 것이다. 성범죄 피해자 보호 우선원칙은 세계적인 흐름이다.

성범죄는 더 이상 개인만의 문제가 아니며 개인·가정·사회·국가에 엄청난 변화를 초래할 수 있는 범국가적인 문제이다. 과거에는 여성의 옷차림에 의해서 아니면 여성의 행동거지를 지적하는 등 가부장적인 문화에 의해서 성범죄에 대한 인식이 잘못된 경향을 띤 적이 있다. 성범죄를 예방하기 위해서는 어린 시절부터 가정과 학교에서 자연스럽게 성교육을 실시하고 성은 부끄러운 것이 아닌 자연스러운 것이며 인간의 삶에 있어 중요한 한 부분이란 사실을 깨우쳐 줘야 한다. 또한 사회 국가적인 차원에서는 각종 성폭행 예방 캠페인이나 텔레비전 공익 광고 등을 활성화하고 민생 치안 안정에 더욱 투자와 관심을 가져야 할 것이다. 가장 중요한 것은 성범죄의 예방적 견지에서 가해자에 대한 좀 더 강력한 처벌이 필요하고 사람들이 성범죄에 대한 잘못된 편견과 시각을 고쳐 나가야 한다고 생각한다. 사회국가적인 문제를 개인만의 문제로 알고 고통을 혼자 감내했던 과거와 같은 일들이 더 이상 되풀이되어서는 안 된다고 생각한다.

마지막으로 성범죄 예방적 모델에 대해 몇 가지 제안을 하고자 한다.

첫째, 성범죄자 처우를 위한 전문가 모형 구성을 생각할 수 있다. 성폭력 범죄자에 대한 효과적인 처우를 위해서는 성범죄자의 특성에 맞게 전문화된 처우 방안들이 마련되어야 한다. 우리나라의 경우 성범죄에 대한 연구가 매우 미흡하다. 심도 있고 다양한 접근 방법을 통해 성범죄자의 특성에 맞는 효과적인 처우를 모색해야 한다. 이를 위해 프로그램을 개발하기 위해 전문가 조직이 구성되어야 한다.

　현재 우리나라의 경우 성폭력 범죄자에 대한 프로그램이 보호관찰소, 교도소, 치료감호소 등에서 시행되고 있다. 이처럼 각기 다른 기관에서 분리되어 프로그램을 개발하기보다는 전문가들로 구성된 조직을 통해 성범죄에 대한 정책을 입안하고 보다 효율적인 프로그램을 만들 필요가 있다. 이는 공통적인 프로그램을 통해 각 기관들에 하나의 지침이 되는 효과적인 모형을 제공할 수 있을 것이다.

　둘째, 사후관리 모색 방안이다. 성범죄에 대한 처우 프로그램이 종료된 후에 사후 관리하는 것이 필요하다고 본다. 현재 우리나라에서 실시되고 있는 수강명령 프로그램은 주로 체계적인 사후관리가 없는 상태이다. 프로그램 종료 후의 사후관리는 프로그램에서의 긍정적인 효과를 유지할 수 있으며, 시기적절한 중재를 제공하고 범죄억제에 기여할 수 있을 것이다. 사회 내 처우로서의 프로그램의 경우 민간위탁기관 등을 지정하여 사후 관리하는 방법도 생각할 수 있다.

　셋째, 성폭력 범죄에 대한 연구의 활성화가 무엇보다 시급함은 앞에서 강조한 바와 같다. 성범죄에 대해 효과적인 대책을 마련하기 위해 정확한 실태 및 원인을 파악하는 것이 필요하다. 성범죄의 원인을 파악하는 것은 잠재적인 범죄자들을 파악하고, 이들에 대한 시기적절한 효과적인 중재를 제공할 수 있다. 또한 성범죄자에 대한 보다 효과적인 처우를 제공하는 데 도움이 될 수 있을 것이다. 즉 관련 연구들이 축적되어 성범죄의 실태 및 원인을 규명하고 이에 대한 대책들이 마련되어야 한다. 또한 민간단체 위탁 성범죄 가해자 교육프로그램 활성화와 관련 민간성폭력 상담소 등에서 가해자 교육 프로그램을 담당하고 있다. 이는 주로 공식적인 처우단계에서 이루어지는 것이 아니며, 성범죄 가해자가 자비로 부담하는 일대일의 프로그램이었다. 이런 프로그램은 가해자에게 피해자에 대한 사과나 단순한 책임수용에서 그치게 하는 것이 아니라 스스로의 행위에 대해 되돌아보게 하고 피해자의 입장에서 생각해 볼 수 있는 기회를 갖게 한다는 점에서 의미가 있다. 피해자가 사법기관과의 접촉을 원치 않을 경우에는 이런 프로그램을 통해 가해자 프로그램을 시도하는 것이 필요할 것이다. 이런 프로그램의 활성화를 위해서는 미디어 등의 홍보활동도 이루어져야 할 것이다.

이 연구에서 다루지 않은 성범죄자의 주요 특성에 대한 접근이 있어야 한다. 자아존중감, 공감능력, 친밀감 등 심리학적 접근을 통해 성범죄자에게 재범의 위험성을 감소 및 사전 선별작업이 있어야 한다. 비록 범죄화는 아니지만 일반인들에게도 엄연하게 성범죄의 노출 정도가 심각해지고 있는 현시점에서 엄격하게 그 위험성을 제시할 수 있는 정도의 도구가 필요하다. 개발된 도구를 통해 자신의 잘못된 인식 등을 제시하여 범죄 예방적 측면을 강구해야 한다.

강간통념, 성폭력 용인도, 성역할 고정관념에 대해 위험수위를 높일 수 있는 문화적 기본 기저, 여성에 대한 관념, 성범죄에 영향을 미칠 수 있는 공격성 등 다양한 요인과 계기를 파악하여 더욱 주의를 기울일 수 있는 분위기 조성과 실천적 요소가 있어야 한다.

이 연구가 성범죄자의 모든 것을 파악한 것은 아니다. 또한 이 연구로 인해 성범죄자에 대한 모든 치료 사법적 방향을 제시한 것은 아니다. 하지만 기존 연구의 경우 성범죄에 대해 연구한 결과와 우리가 위험하다는 인식만 할 뿐 여타 관련된 연구가 희박하다는 점을 고려한다면 귀중한 연구의 자료가 될 것이다. 향후 성범죄자에 대한 다양한 접근 방식을 통해 더욱 심도 있는 연구가 필요할 것이다.

참고문헌

1. 국내문헌

1) 단행본

강은영(2003), 「아동 성폭력 가해자에 관한 연구」, 서울: 한국형사정책
　　연구원.

경찰청(2007), 「경찰백서」.

김선남·정현욱(2002), 「섹스·젠더·미디어」, 서울: 범우사.

김성진(2009), 「현대사회와 범죄」, 서울: 동인.

김은경(1997), 「대중문화의 선정성이 청소년 성범죄에 미치는 영향」, 서
　　울: 한국형사정책연구원.

김은경(2000), 「성의 상업화가 성의식 및 성폭력에 미치는 영향」, 서울:
　　한국형사정책연구원.

김원홍·이인숙·권희완(2000), 「오늘의 여성학」, 서울: 건국대학교출판부.

대검찰청(2005), 「범죄분석」.

박옥임·도미향·류도희·박애선·백경숙·성정현·이규미·이영석
　　(2004), 「성폭력 전문상담」, 서울: 시그마프레스.

법무연수원(2005), 「범죄백서」.

송명희(2004), 「섹슈얼리티·젠더·페미니즘」, 서울: 푸른사상.

심영희·윤성은·박선미·조정희(1989), 「성폭력의 실태 및 대책에 관
　　한연구」, 서울: 한국형사정책연구원.

우리 사회문화학회(2004), 「성과 현대사회」, 서울: 정립사.

이상규(2002), 「SPSS를 활용한 조사방법론」, 서울: 삼우사.

이상현(2005), 「범죄심리학」, 서울: 박영사.

이수정(2006), 「최신 범죄 심리학」, 서울: 북까페.

이영자·김혜순·민경자·이정옥(1994), 「성평등의 사회학」, 서울: 한
　　울아카데미.

이윤호(2007a), 「교정학」, 서울: 박영사.

이윤호(2007b), 「범죄학」, 서울: 박영사.

이윤호(2007c), 「피해자학」, 서울: 박영사.

이윤호(2008), 「현대사회와 범죄」, 서울: 다해.

이훈구(2002), 「사회심리학」, 서울: 법문사.

전대양(2002), 「현대사회와 범죄」, 서울: 형설출판사.

전영실·강은영·박형민·김혜정·황태정·정유희(2007), 「성폭력범죄의 유형과 재범억제방안」, 서울: 한국형사정책연구원.

전영실(2001), 「청소년 성범죄자의 재활프로그램의 실태 및 개선방안」, 서울: 한국형사정책연구원.

차인순(2007), 「성 인지 정책」, 서울: 푸른사상.

최인섭·전영실(1991), 「강간범죄의 실태에 관한 연구」, 서울: 한국형사정책연구원.

한규석(2004), 「사회심리학의 이해」, 서울: 학지사.

허경미(2006), 「현대사회와 범죄」, 서울: 박영사.

허혜경·박인숙(2005), 현대사회와 여성의 이해, 문음사.

홍성열(2000), 「범죄 심리학」, 서울: 학지사.

Joanne Belknap(2009), 「여성범죄론」, 윤옥경·강은영·김지선·신연희·전영실 옮김, 서울: 박학사.

Tong, Rosemarie(2000), 「페미니즘 사상」, 이소영 옮김, 서울: 한신문화사.

2) 연구논문

구현아·이수정(2005), "청소년 성폭력 가해자들의 사회성 능력 증진을 위한 집단 프로그램 개발", 「한국범죄심리연구」 창간호, 66–82.

김복태(2001), "성별과 성역할 고정관념에 따른 공감능력 및 성폭력 사건 지각의 차이", 전북대학교 사회과학연구소, 「사회과학연구」 27: 249–268.

김상균(1999), "폭력범죄에 관한 심리학적 연구: 귀인 및 분노특성을 중심으로", 「박사학위논문」 동국대학교 대학원.

김선영(1989), "강간에 대한 통념의 수용에 관한 연구: 경찰, 의사, 교사, 법조인, 상담원, 언론인을 중심으로", 「석사학위논문」 이화여자대학교 대학원.

김은주(2007), "소아기호성 성범죄자의 특성 및 관리에 관한 연구", 「경찰연구논집」 1: 113 – 136.

남미정(2004), "성역할 정체감에 따른 강간통념수용도에 관한 연구", 「박사학위논문」 부산대학교 대학원.

남순열(2000), "한국인의 성폭력에 대한 태도유형에 관한 연구" 「박사학위논문」 한양대학교 대학원.

남재성(2006), "강간범죄의 피해자화 요인에 관한 연구 – 가해자 조사를 통한 피해자화 이론의 통합적 검증", 「박사학위논문」 동국대학교 대학원.

박경(2008), "과잉 남성성과 성적 공격성간의 관계: 공감 및 강간통념의 중재 및 매개효과", 「한국심리학회」 20(2): 519 – 536.

송원영(2006), "성폭력 범죄로 보호관찰중인 청소년에 대한 인지행동치료의 효과", 「박사학위논문」 연세대학교 대학원.

송원영·오경자·신의진(2008), "청소년 성폭력 범죄자를 위한 인지행동치료의 개발 및 단기 효과 검증", 「한국심리학회보」 27(2): 547 – 569.

신성자(1997), "남자 대학생들의 데이트 강간성향 파악과 대처 방안 모색을 위한 연구 – 대구 지역 중심으로 – ", 「한국사회복지학회보」 32: 181 – 211.

신의진(2007), "한국성폭력 가해 청소년들의 정신의학적 특징과 치료적 개입", 법무부·여성가족부·국가청소년위원회·한국심리학회 공동 주최 국제심포지엄.

이건호·강혜자(2005), "강간통념 수용도, 성역할 태도 및 음란물 접촉간의 관계", 「한국심리학회보」 11(3): 23 – 40.

이석재(1999), "강간통념 척도의 개발과 타당도 검증", 「한국심리학회보」 13(2): 131 – 148.

이석재·최상진(2001), "강간통념 수용도에 따른 성행동, 성폭력 및 성폭행사건 지각", 「한국심리학회보」 15(1): 97 – 116.

이수정(2008), "아동 대상 성범죄자, 친족 성범죄자 그리고 강간범 간의 특성 비교: 인구통계적 변인과 범죄 관련 변인을 중심으로", 「한국심리학회보」 27(1): 161 – 178.

이영준(2005), "성범죄자에 대한 치료사법적 대안 모색", 법무부·여성가족부·국가청소년 위원회·한국심리학회 공동주최 국제심포지엄, 법무부·여성가족부·국가청소년 위원회·한국심리학회: 23 – 33.

이윤희(1997), "성폭력의 사회적 통념과 피해영향에 관한 연구", 인천대학교 평화통일연구소, 「통일문제와 국제관계」 8: 46 – 68.

윤병혜·고재홍(2006), "양가적 성차별 태도에 따른 성폭력 피해자에 대한 비난 차이: 강간통념의 매개효과", 한국심리학회지: 「한국심리학회보」 11(1): 1 – 19.

전영실(2004), "여성 폭력범죄의 특성 및 대책", 한국교정학회, 「교정연구」 22: 141 – 168.

조주현(2000), "여성 정체성의 정치학: 80 – 90년대 한국의 여성운동을 중심으로", 「한국여성학회보」 12(1): 138 – 179.

허경미(2007), "연쇄강간범의 프로파일링 과정에 관한 연구", 「교정연구」 34: 85 – 108.

허경미(2008), "범죄 프로파일링(criminal profiling)기법의 효과적인 활용방안", 치안정책연구소 「치안논총」.

2. 국외문헌

1) 단행본

Ajzen, I., & Fishbein, M.(1980), *Understanding Attitudes and Predicting Social Behavior*, Prentice – Hall, Englewood Cliffs, NJ.

Andersen, Margaret L. & Collins, Patricia Hill(2007), *Race, class, and gender: an anthology: The Wadsworth sociology reader series*, Belmont Calif: Thomson/Wadsworth.

Arber, Sara, Davidson, Kate, & Ginn, Jay. 2003. *Changing approaches to gender and late life.* Maidenhead/Philadelphia: Open University Press

Beasley, C.(2005) *Gender & Sexuality: Critical Theories, Critical Thinkers.* London and Thousand Oaks, CA: SAGE.

Benjamin, Jessica.(1988), *The bonds of love: psychoanalysis, feminism, and the problem of domination*, New York: Pantheon Books.

Burt. M. R.(1984), *Rape myths and acquaintance rape: The hidden crime.* New York: John Wiley & Sons.

Cahill, Ann J.(2001), *Rethinking rape*, Ithaca: Cornell University Press.

Daly, Kathleen.(1998), *Criminology at the crossroads: feminist readings in crime and justice*, New York: Oxford University Press.

Dobbert, Duane L.(2004), *Halting the sexual predators among us: preventing attack, rape, and lust homicide*, Connecticut and London: Prager.

Garland, David.(2000), *Criminology and social theory*, Oxford: Oxford University Press.

Holmes, R. & Holmes, S.(1998). Serial murder(2nd ed.). Thousand Oaks, CA: Sage Publications.

Holmes, R. & Holmes, S.(2000). Murder in America(2nd ed.). Thousand Oaks, CA: Sage.

Holmes, R. & Holmes, S.(2001). Sex crimes(2nd ed.). Thousand Oaks, CA: Sage.

Holmes, R. & Holmes, S.(2002). Profiling violent crimes(third ed.). Thousand Oaks, CA: Sage.

White J. W. and Koss M. P.(1993). *Adolescent sexual aggression within heterosexual relationships: The juvenile sex offender*, New York: Guilford Press.

Kenney, J. & More, H.(1994). Principles of investigation. Minneapolis, MN: West Publishing.

Landry, Bart. (2007), *Race, gender and class: theory and methods of analysis*, New York: Pearson Prentice Hall.

McEvoy, Kieran.(2003), *Criminology, conflict resolution, and restorative justice,* Hampshire, UK and New York, NY: Palgrave Macmillan.

Morash, Merry.(2006), *Understanding gender, crime, and justice*, London and Thousand Oaks, CA: SAGE.

Gelles, Richard J.(1979). *Family Violence.* Beverly Hills, CA: Sage.

Groth, A. N.(1979). *Men who rape: The psychology of the offender.* New York: Plenum Press.

Pinar, William F.(2001), *The gender of racial politics and violence in America: lynching, prison rape, & the crisis of masculinity*, New York, N.Y: Peter Lang.

Russel, D.(1984). *Sexual exploitation: Rape, child abuse, and sexual harassment.* Beverly Hills, CA: Sage Publications.

Schmalleger, Frank.(2004), *Criminology today: an integrative introduction,* New York: Pearson Prentice Hall.

Siegel, Larry J.(2000), *Criminology*, Belmont, CA: Wadsworth/Thomson Learning.

Siegel, Larry J.(2001), *Criminology: theories, patterns, and typologies*, Belmont, CA: Wadsworth/Thomson Learning.

Susan, Estrich(1987), *Real Rape*, Cambridge Mass: Harvard University Press.

藤岡淳子編, (2007), 犯罪・非行の心理學, 有斐閣.

2) 연구논문

Abel, G. G., Becker, J. V., & Cunningham – Rather, J.(1984). "Complications, consent and cognitions in sex between children and adults", *International Journal of Law & Psychiatry*, 7: 89 – 103.

Baugher, Shannon N.(2007), "Rape myth acceptance and sexual trauma history: An analysis of respondent characteristics", Ph.D, Dissertation. University of South Dakota.

Barbara G. Collins.(1990), "Pornography and Social Policy: Three Feminist Approaches", *Affilia*, 5(4): 8 – 26.

Begany, J. J., & Milburn, J. A.(2002). "Psychological Predictors of Sexual Harassment: Authoritarianism, Hostile Sexism, and Rape Myths", *Psychology of Men and Masculinity*, 3: 119－126.

Belknap, Joanne.(1999), "The Development of a Comprehensive Measure of the Sexual Victimization of College Women", *Violence against women* 5(2): 185.

Bheather Y.(2003), "Juvenile Crime, Aggression and Delinquency After Sexual Abuse: A Longitudinal Study", *Criminal*. 43: 729－749.

Bondi, Gina M.(2007), "Authoritarianism, hostility toward women, attitudes toward violence, rape myth acceptance, and sexual aggression", Ph.D, Dissertation. Old Dominion University,

Bromley, Max L. and Leonard Territo.(1995). "College Crime Prevention and Personal Safety Awareness", *The ANNALS of the American Academy of Political and Social Science*, 539(1): 85－101.

Briere, J.(1985), "The Structure of Rape Attitudes for Men and Women: A Three－Factor Model", *Journal of research in personality* 32(3): 331－350.

Burt, M. R.(1980), "Cultural myths and support for rape", *Journal of Personality and Social Psychology* 38: 217－230.

Carich, M. S. Newbauer J. F., & Stone, M. H.(2001). "Sexual offenders and contemporary treatments", *The Journal of Individual Psychology*, 57: 3－17.

Carter, C. S.(1997), "Sexual Differentiation in Prairie Voles: The Effects of Corticosterone and Testosterone－Effects of prenatal manipulations in rats", *Physiology & behavior* 62(6): 1379－1383.

Costin, F.(1985), "Beliefs about rape and women's social roles", *Archives of sexual behavior* 14(4): 319－325.

Ewolt, Monson, & Kanghinrichsen－Rohling.(2001). "Attributions about rape in a continuum of dissolving marital relations", *Journal of Interpersonal Violence*, 15(11): 1175－1182.

Groth, Burgess, & Holmstrom.(1977). "Rape: Power, Anger and Sexuality", *American Journal of Psychiatry*, 134(11): 1239 – 1243.

James P, Lynch.(1987), "Routine activity and victimization at work", *Journal of Quantitative Criminology*, 3: 283 – 300.

James L, Massey, Marvin D, Krohn, and Lisa M. Bonati.(1989), "Property, crime and the routine activities of individuals", *Journal of Research in Crime and Delinquency*, 26: 378 – 400.

Darrell Steffensmeier & Emilie Allan.(1996), "Gender and Crime: Toward a Gendered Theory of Female Offending", *Annual Review of Sociology* 22: 459 – 487.

Douglas A, Smith and G. Roger Jarjoura.(1969), "Household characteristics, neighborhood compositions and victimization risk", *Social Forcers*, 68: 621 – 640.

Elizabeth D. Kolivas.(2007), "Assessing sexual aggression: Addressing the gap between rape victimization and perpetration prevalence rates" *Aggression and Violent Behavior* 12: 315 – 328.

Ensign, Julie Diane.(1996), "Victim blame found in women: A comparison of sex role stereotyping and acceptance of rape myths as it relates to blaming behavior", Ph.D, Dissertation. The University of Oklahoma.

Fazio, R. H., & Olson, M. A.(2003). "Implicit measures in social cognition: Their meaning and use", *Annual Review of Psychology* 54: 297 – 327.

Frasier, Robert.(2005), "Rape myth acceptance and deterrents to rape reporting among women", Ph.D, Dissertation. Howard University.

Ellen Willis(1982), "Toward a Feminist Sexual Revolution", *Social Text* 2(3): 3 – 21.

Gerdi Weidner & William Griffitt(1983), "Rape: A sexual stigma?", *Journal of Personality* 51: 151 – 166.

Gildner, Jennifer L.(2005), "Acceptance of acquaintance rape: Attitude and personality characteristics of athletes", Ph.D, Dissertation. University of Houston.

Goodman, L A & Rosenberg, S D & Mueser, K T(1997), "Physical and Sexual Assault History in Women With Serious Mental Illness: Prevalence, Correlates, Treatment, and Future Research Directions", *Schizophr Bull* 23(4): 685 – 696.

Gordon, B.(2005), "Body Dissatisfaction in College Women and Their Mothers: Cohort Effects, Developmental Effects, and the Influences of Body Size, Sexism, and the Thin Body Ideal", *Sex roles* 53(3/4): 281 – 298.

Grospitch, Robertc.(2005), "Relationship between training approaches and resident assistants' acceptance of rape myths, and empathy toward rape victims and perpetrators", Ed..D, Dissertation. University of Kansas.

Griffin(1983), "How much evolutionary advantage does sex confer?", *Journal of theoretical biology* 102(3): 447 – 458.

Hall, G, C, & Barongan C.(1997). "Prevention of sexual aggression: Sociocultural risk and protective factors", *The American psychologist.* 52(1):5 – 14.

Hiatt, Tawny A.(2008), "The relationship of multicultural awareness and belief of rape myths with intellectual empathy and empathic emotion for victims of acquaintance and stranger rape among undergraduate women and men", Ph.D, Dissertation. University of Missouri – Kansas City.

H. S. Feild(1978), "Attitudes toward rape: A comparative analysis of police, rapists, crisis counselors, and citizens", *Journal of Personality and Social Psychology* 36: 156 – 179.

James P. Lynch.(1987), "Routine Activity and Victimization at Work", *Journal of Quantiative Criminology* 3: 283 – 300.

James L, Massey, Marvin D. Krohn and Lisa M, Bonati.(1989), "Property Crime and the Routine Activities of Individuals", *Journal of Research and Crime and Delinquency* 26: 378 – 400.

Jeffrey A. Bernat, Karen S. Calhoun, Henry E. Adams, Amos Zeichner.(2001), "Homophobia and Physical Aggression Toward Homosexual and Heterosexual Individuals", *Journal of Abnormal Psychology,* 110(1): 179 – 187.

Jones, M. E., Russell, R. L. & Bryant, F. B.(1998). "The Structure of Rape Attitudes for Men and Women: A Three-Factor Model", *Journal of research in personality* 32(3): 331-350.

Knight & Prentky.(1987). "The developmental antecedents and adult adapatations of rapist subtypes", *Criminal Justice and Behavior,* 14: 403-426.

Komorosky, Dawna(2003), "Predictors of rape myth acceptance among criminology and non-criminology students", Ph.D, Dissertation. Indiana University of Pennsylvania.

Kristiansen, C. M., & Matheson, K.(1990). "Value justification, integrative complexity, and attitudes toward nuclear weapons", *Journal of Social Psychology* 130: 665-675.

Kurt Weis and Sandra S, Borges.(1973), "victimology and Rape: The Case of the Legitimate victim", *Issues in Criminology*, 8: 81-85.

Laub, John H., and Lauritsen.(1993). "Violent Criminal Behavior over the Life Course: A Review of the Longitudinal and Comparative Research", *Violence and Vitims* 8: 235-252.

Lawrence E. Cohen. Janles R. Kluegel, and Kenneth C, Land.(1991), "Social Inequality and Predatory Criminal Victimization: An Exposition and Test of a Formal Theory", *American Sociology Review* 46: 505-524.

Lawrence E, Cohen and Narcus Felson.(1979), "Social Change and Crime Rate Trends: A Routine Activity Approach", *American Sociological Review* 44: 588-608.

Lawrence E, Cohen.(1981), "Modeling Crime Trends: A Criminal Opportunity Perspective", *Journal of Research in crime and Delinquency* 18: 138-164.

LaVerdiere, E. M.(2005), "Differences in rape myth acceptance according to age and gender among the high school population", Ph.D, Dissertation. Walden University.

Leslie Kennedy and David Forde.(1990), "Routine activity and crime: An analysis of victimization in Canada", *Criminology* 28: 137 – 151.

Lynn Curtis.(1974), "Victim – precipitation and violent crimes", *Social Problems*, 21: 594 – 605.

Malamuth, N. M. and Briere, J.(1986), "Sexual violence in the media: Indirect effects on aggression against women", *Journal of Social Issues* 42: 75 – 92.

Malamuth, N. M. & Check, J. V. P.(1981). "The effects of mass media exposure on acceptance of violence against women: A field experiment", *Journal of Research in Personality* 15: 436 – 446.

Malamuth, N, M, Addison T & Koss M(2000). "Pornography and sexual aggression: are there reliable effects and can we understand them?", *Annual Review of Sex Research(Society for the Scientific Study of Sex)* 11: 26 – 91.

Margaret, T. Gordon, & Stephanic Riger.(1989), *The female fear*. New York: Collier Macmillan.

Mateescu, Crow(2008), "Police officers attitudes toward rape victims", Ph.D, Dissertation. Stephen F. Austin State University.

Michael Hough.(1987), "Offenders choice of targets: Findings from victim surveys", *Journal of Quantitative Criminology* 3: 335 – 369.

Mulliken, Bonnie L.(2005), "Rape myth acceptance in college students: The influence of gender, racial, and religious attitudes", Psy.D, Dissertation. Virginia Consortium for Professional Psychology(Old Dominion University).

Michael G, Max – field(1987), "Household Composition. Routine Activity, and Victimization: A Comparative Analysis", *Journal of Quantitative Criminology* 3: 301 – 320.

Sanday, P.(1996), "A Discourse – Centered Approach to Human Sexuality", State University of New Jersey 8: 147 – 158.

Swanson, J. E., Rudman, L. A., & Greenwald, A. G.(2001), "Using the Implicit Association Test to investigate attitude — behavior consistency for stigmatized behavior", *Cognition and Emotion*, 15: 207 — 230.

Snyder, Erin R(2008), "The Female — to — Male Rape Myths Scale: Initial scale development", Ph.D, Dissertation. Ball State University.

Steven F, Messner and Judith R, Blau.(1987), "Routine Leisure Activity and Rates of Macro — level Analysis", *Social Forces* 65: 1035 — 1052.

Terrance E, Michael Hughes, and David McDowall.(1991), "Social Change and Crime rates An Evaluation of Alternative Theoretiacl Approach", *Social Forces* 70: 165 — 185.

Robert J, Sampson and John D, Wooldledge.(1987), "Linking the micro — level and macro — level, dimensions of lifestyle — routine activity and opportunity models of predatory victimization", *Journal of Quantitative Criminology* 3: 371 — 393.

Terrance D. Miethe. Mark Stafford. and Douglas Sloane.(1987), "Lifestyle Changes and Risks of Criminal Victimization", *Journal of Quantitative Criminology* 3: 371 — 393.

Tatum, Jerry Lee.(2008), "Rape myth acceptance, hypermasculinity, and demographic characteristics as correlates of moral development: Understanding sexually aggressive attitudes in first year college men", Ed.D, Dissertation. College of William and Mary.

Taylor, Claire.(2001), "The Relationship between Social and Self — Control", *Theoretical Criminology* 5: 369 — 388.

Terrance D, Miethe.(1991), "Citizen — based crime control activity and victimization risks, Examination of displacement and free — rider effects", *Criminology* 29: 419 — 439.

Dennis P, Rosenbaum.(1990), "The Theory and research behind neighborhood watch, Is it a sound fear and crime reduction strategy", *Crime and Delinquency* 33: 103 — 134.

Terrance D. Miethe. Mark C. Stfford. & J. Scott Long.(1987), "Social Differentiation in Criminal Victimization, Test of Routine Activities/Lifestyle Theory", *American Sociological Review.* 52: 184 – 194.

Terrance D. Miethe and Robert F. Meier.(1990), "Criminal Opportunity and victimization rates: A structural choice theory of criminal victimization", *Journal of Research in Crime and Delinquency* 27: 247 – 266.

Romani, Teresa(2002), "Thinking about rape: The meaning of sexual violence for 'non – victimized' women", Ph.D, Dissertation. City University of New York.

Whatley, M. A.(1996), "Victim characteristics influencing attributions of responsibility to rape victims: A meta – analysis", *Aggression and Violent Behavior,* 1(2): 81 – 95.

Widom, Cathy S.(1989), The Cycle of Viomence, *Science* 244: 160 – 166.

Wyatt, Gail Elizabeth(1992), "Differential Effects of Women's Child Sexual Abuse and Subsequent Sexual Revictimization", *Journal of Consulting and Clinical Psychology* 60(2): 167 – 173.

Yost, M. R., & Zurbriggen, E. L.(2006), "Gender differences in the enactment of sociosexuality: An examination of implicit social motives, sexual fantasies, coercive sexual attitudes and aggressive sexual behavior", *Journal of Sex Research,* 43: 163 – 173.

Zhang, L. f.(2008), "Cognitive distortions and autonomy among Chinese university students", *Learning and individual differences* 18(2): 279 – 284.

유재두

▎약 력

숭실대학교 법과대학 법학과 졸업
동국대학교 대학원 경찰행정학과 석사 졸업(경찰학 석사, 형사학 전공)
동국대학교 대학원 경찰행정학과 박사 졸업(경찰학 박사, 범죄학 전공)

성에 관한
진실과 오해

초판인쇄 | 2010년 1월 18일
초판발행 | 2010년 1월 18일

지 은 이 | 유재두
펴 낸 이 | 채종준
펴 낸 곳 | 한국학술정보㈜
주　　소 | 경기도 파주시 교하읍 문발리 파주출판문화정보산업단지 513-5
전　　화 | 031) 908-3181(대표)
팩　　스 | 031) 908-3189
홈페이지 | http://www.kstudy.com
E-mail | 출판사업부　publish@kstudy.com
등　　록 | 제일산-115호(2000. 6. 19)

ISBN　978-89-268-0726-2 93360 (Paper Book)
　　　　978-89-268-0727-9 98360 (e-Book)

내일을여는지식 은 시대와 시대의 지식을 이어 갑니다.

이 책은 한국학술정보(주)와 저작자의 지적 재산으로서 무단 전재와 복제를 금합니다.
책에 대한 더 나은 생각, 끊임없는 고민, 독자를 생각하는 마음으로 보다 좋은 책을 만들어갑니다.